quiero morir, pero SIGO queriendo comer tteokbokki

quiero morir, pero SIGO queriendo comer tteokbokki

conversaciones con mi psiquiatra

baek sehee

Traducción de Paula Martínez Gual

TENDENCIAS

Argentina – Chile – Colombia – España
Estados Unidos – México – Perú – Uruguay

Título original: 죽고 싶지만 떡볶이는 먹고 싶어 2
(I Want to Die But I Want to Eat Tteokpokki #2)
Editor original: HEUN Publishing
Traducción: Paula Martínez Gual

1.ª edición: abril 2025

Plaza de los Reyes Magos, 8, piso 1.º C y D – 28007 Madrid
www.reinventarelmundo.com

ISBN: 978-84-92917-36-5
E-ISBN: 978-84-10495-70-8
Depósito legal: M-3.546-2025

Fotocomposición: Urano World Spain, S.A.U.
Impreso por: Rodesa, S.A. – Polígono Industrial San Miguel
Parcelas E7-E8 – 31132 Villatuerta (Navarra)

Impreso en España – *Printed in Spain*

Este libro ha sido publicado en colaboración con un especialista en psiquiatría, y la información sobre el hospital no puede ser revelada por solicitud de la persona involucrada. Agradecemos su comprensión.

«El sufrimiento humano es como un cuerpo gaseoso. Si una cantidad determinada de gas entra en una habitación, no importa lo grande que sea esa habitación, toda ella queda impregnada de gas. El sufrimiento humano es igual. No importa la magnitud del dolor, acapara con nuestra alma y nuestra consciencia. La dimensión del dolor es algo totalmente relativo».

Viktor Frankl, en *El hombre en busca de sentido.*

Índice

Prólogo
Lo que me hace enfrentar heridas desconocidas

Mientras escribía el segundo libro, reflexioné sobre la autocompasión. Ha habido muchas ocasiones en las que una autocompasión excesiva ha alimentado mi depresión. Soy consciente de que dentro de mí aún hay muchas heridas abiertas, pero poco a poco voy reconociendo y desenredando sus razones de ser a través del tratamiento psiquiátrico. Pero reconocer las heridas y sentir pena por ellas son cosas completamente diferentes. No es que la autocompasión sea negativa en sí misma, pero cuando se convierte en el centro del pensamiento de alguien, puede ser porque solo se están considerando las propias heridas, descuidando las de los demás. Tenía miedo de ser una de estas personas, o de convertirme en una de ellas.

A medida que recibía tratamiento, es decir, a medida que las heridas se hacían menos profundas y más tenues, descubrí que todo me dolía más fácilmente. Esto se debía a que me embriagaba la depresión que causaban aquellas heridas enterradas, que resurgían sin mucha dificultad.

La familiaridad me reconforta; así que, cuando sentía que la depresión o el vacío se acercaban, entraba en la habitación de la autocompasión. Es un lugar conocido en el que he pasado mucho tiempo. Y aunque tengo la posibilidad de salir de allí con facilidad, cierro la puerta y me aprisiono a mí misma. Siento el sufrimiento como algo familiar, algo de lo que puedo disfrutar a mi antojo antes de volver a la cotidianeidad.

Ya no pienso que la depresión sea un resfriado del corazón. Para personas como yo, a quienes la depresión se les aferra como una sombra, se convierte en una enfermedad crónica. Requiere un cuidado constante y, aunque es posible recuperarse, es necesario recorrer un camino arduo y solitario para lograrlo. Así que he decidido abandonar la idea de una recuperación completa. En lugar de aceptar simplemente la aparente insignificancia de la vida, he decidido intentar evitar volver a los placeres familiares cada vez que me encuentro con mi depresión. He optado por no sentir pena por mis propias heridas ni entrar en la oscura habitación de la autocompasión; en su lugar, he decidido tratar de sentir mi dolor sin compararlo con el de los demás.

Este libro no es una guía para quienes buscan una cura completa para la depresión. Sin embargo, me siento satisfecha si, al revelar mis propias heridas, los lectores logran descubrir también esos rincones oscuros de sí mismos que desconocen. Ya he guiado a muchas personas, y deseo guiar a muchas más.

1
¿Qué hay de malo en querer ser amado?

Una noche antes del fin de semana, cogí la nueva publicación de una autora que me gusta, Roxane Gay. El libro se llama *Hunger* y, al ser su primer ensayo autobiográfico, me entusiasmaba comenzar a leerlo. Sin embargo, sucedió algo que no comprendía de mí misma: tan pronto como terminé de leer el prólogo, comencé a llorar. Las lágrimas no dejaban de caer mientras intentaba seguir leyendo, abriendo y cerrando el libro. En ese momento advertí que ni siquiera puedo ser honesta conmigo misma. Yo, la persona que dijo que adentrarse en la propia oscuridad es uno de los caminos para sentirse libre. Entonces recordé todos los momentos de mi infancia que nunca antes había recordado (tal vez no eran todos, pero sí una parte importante); cuando era incapaz de recibir amor. Los recuerdos de mi infancia triste y miserable resurgieron y se esparcieron dentro de mi cabeza.

Siempre me ha gustado alguien, desde que iba a la escuela primaria, pero nunca nadie ha aceptado mi interés.

Cuando estaba en la escuela secundaria me gustaba un chico del que era amiga, y recuerdo una ocasión en la que, jugando, agarré la parte inferior de su camiseta. Mi interés en ese chico debió haber sido obvio, porque un amigo suyo, en tono burlón, comentó: «Parece que le gustas a Baek Sehee». El chico que me gustaba hizo una mueca, como si se avergonzara. En el bachillerato también recuerdo una ocasión en la que una persona comenzó a ignorarme y pretender que era invisible después de descubrir que me gustaba. También ha habido personas que han jugado con mis sentimientos y, como no podía ser de otra manera, en numerosas ocasiones a la persona que me gustaba le ha acabado gustando alguna amiga o amigo. También ha habido momentos en los que he sido amada, pero en esas ocasiones las cicatrices de mis heridas siempre han salido a la superficie. Los recuerdos no son precisos y pueden reorganizarse como uno desee; a veces, incluso puedo exagerarlos, haciéndolos parecer más extremos de lo que realmente fueron.

Sin embargo, siento que he logrado completar una parte del rompecabezas que explica por qué adopto una posición tan pasiva en mis relaciones y por qué siento tanta ansiedad al acercarme a una posición de liderazgo. «Así que las personas que me gustan no me corresponden. Quería que esta persona me quisiera; en general, deseo sentirme amada, pero parece que eso no es posible para mí». Estos pensamientos solían atraparme, llenándome de desprecio por mí misma, y crecí convencida de que no merecía ser amada. Me preguntaba qué derecho tenía alguien como yo para amar.

Ayer mi pareja me estuvo escuchando hablar de esto. No era algo que planeaba compartir; no estaba segura de por qué quería hacerlo, ni si realmente había una posibilidad de sentirme mejor después de hablar de ello. Temía que mi pareja viera a la persona rota, insignificante e indigna de amor que soy; alguien que ha sido humillada, y que se sintiera decepcionado.

Psiquiatra: (Casi no puede hablar porque está resfriado).

Yo: En general he estado bien, pero hay momentos en los que me derrumbo. ¿Es posible que mi capacidad para mejorar aumente a medida que progrese en la terapia? Siento que me recupero con más facilidad. Estoy leyendo *Hunger*, de Roxanne Gay. En pocas palabras, es un libro que muestra los pensamientos de la autora acerca del cuerpo y de su vida. Volcó todo su interior en el texto, de manera honesta, y en cuanto leí el prólogo me puse a llorar. No sé exactamente cómo explicarlo, pero es como si esos recuerdos que todavía están presentes y que quiero eliminar, olvidar y destruir, los cuales he estado reprimiendo, hubieran surgido de forma abrupta y violenta. ¿Eso es posible?

Psiquiatra: Sí.

Yo: Es una experiencia curiosa. Estaba leyendo un libro, pero mi pasado se desplegó ante mí, como si se tratara de una foto panorámica. Intenté apuntar con rapidez todos esos recuerdos en una libreta. Mientras hacía eso, me di cuenta de que nunca he podido ser honesta. Lo que quiero decir es que, aunque es cierto que no siempre es necesario ser honesta con los demás, me di cuenta de que nunca había podido serlo conmigo misma; solo había podido admitir lo que era capaz de aceptar. En ese momento, sentí que mi mente se colapsaba y me vi atrapada en un sentimiento insoportable.

(Busco mi libreta). Me percaté de que nunca había podido aceptarme a mí misma, de mi deseo de borrar mi pasado, de mis esfuerzos por deshacerme de ese pasado que soy incapaz de aceptar. Es como si mi yo del pasado y mi yo de ahora fueran incapaces de seguir conectados o separarse definitivamente.

Para ser más concreta, es como si pensara que como no puedo aceptar a mi yo del pasado, quiero vivir como mi yo del presente, estando satisfecha; pero no logro hacerlo. Mientras siga atada al pasado, por muy diferente y fuerte que me sienta ahora, siempre voy a pensar: «Ah, sigo siendo mi yo del pasado, mi yo de ahora es una simple cáscara».

Psiquiatra: ¿Puedes hablar más sobre ese «yo»?

Yo: (Hablo sobre mi incapacidad para ser amada). No sabía si hablar contigo primero o con mi pareja, pero viendo cómo te encuentras, creo que hice bien en hablar con mi pareja. (Ya que no puede hablar mucho por el resfriado). Si ayer no hubiera hablado de esto, creo que hoy estaría mucho peor. Todos tenemos diferentes maneras de sentirnos mejor. No pienso que las personas deban ser siempre honestas; forzar la honestidad u obligar a alguien a revelar algo me parece muy violento. Sin embargo, yo me conozco bien. Para mí, compartir lo que siento siempre ha sido una forma de sentirme cómoda y libre. Prefiero eso a enterrar lo que no quiero enfrentar y huir de ello. Pero no es fácil. Gracias a que he compartido algunas cosas, ahora soy más fuerte y ciertos temas, como la pobreza o mi piel atópica, ya no tienen el mismo peso que antes.

Creo que no estaba preparada para revelar el pasado que quería esconder; esa es mi interpretación. Sin embargo, también he empezado a verlo de manera positiva: tal vez guardé esos recuerdos en mi subconsciente y traté de ignorarlos, o incluso intenté convencerme de que mi yo del pasado no era realmente yo, porque ese pasado ya no existe. No es que me haya curado, pero esos recuerdos se transformaron en heridas, y ahora, al salir a la luz, significa que estoy lista para enfrentarlas.

Psiquiatra: ¿No te resultó difícil hablar de esto con tu pareja? ¿Qué pensaste?

Yo: Pensé que tal vez me despreciaría. Me incomodaba, pero se lo quería decir. Como he dicho en otras ocasiones, creo que primero se deben revelar las cosas, y si después la otra persona quiere alejarse, hay que dejar que se vaya. Pero mi pareja no comprendía por qué yo creía que me despreciaría o se decepcionaría conmigo. Era como si no consintiera que mis pensamientos fueran en esa dirección. Cuando le compartí todo mi pasado que tanto detesto, me dijo que nunca había odiado o menospreciado a alguien por ser feo, gordo o por tener problemas en la piel. Si esa persona no le había hecho nada a él, no entendía por qué él tendría que causar daño a la otra persona. (Como me gustaría que hubiera más personas así). Me dijo que le parecía algo obvio. Pero yo… es verdad. Es evidente; pero he crecido pensando que no es algo tan obvio. Tal vez se debe a los amigos que me decían que mi piel era asquerosa. Yo en realidad no pensaba que fuese fea, ¿pero cómo no iba a ser fea? O tal vez pensaba que era fea porque estaba gordita, pero esas experiencias en las que la persona que me gustaba se tomaba mi interés como algo de lo que estar avergonzado me impactaron mucho, y acabé pensando cosas como: «Ah, debo ser una persona que despierta el odio». Pero lo más frustrante es que he interiorizado esta percepción que los demás tenían de mí. Esto me ha hecho ignorar a las personas a quienes les he gustado, o, dada mi obsesión con el peso, despreciar a las personas gordas. Mis pensamientos están todos mezclados y me resulta difícil distinguirlos, pero siento que, de alguna manera, proyectaba la imagen que tenía de mí misma en otras personas.

Pero ahora que lo he dicho todo, siento que tampoco es para tanto. No, en realidad es importante, pero tal vez no es algo tan trascendental. Si alguien lo escuchara, podría pensar: «¿Por qué piensa todo eso?», le podría parecer algo insignificante.

Psiquiatra: Cuando solo se piensa, pueden confundirse las emociones, ya que se considera solo lo que se sintió en ese momento. Pero cuando se expresa algo con palabras, se puede adoptar la posición de alguien que observa, una posición objetiva.

Yo: Tienes razón. Antes de verbalizar ese recuerdo, todas las cosas que me avergonzaban se entrelazaban y parecían cobrar una gran importancia. Pero una vez que lo he expresado, las emociones y el tiempo se desvanecen, permitiéndome comunicarlo de manera clara y precisa. Al darme cuenta de que todo lo que me ha causado tanto dolor parece perder relevancia al expresarlo, siento que es casi injusto. Me parece que son pensamientos que cualquiera podría tener en la adolescencia, es como si lo hubiera exagerado todo.

Psiquiatra: Si comparamos tu situación actual con la de entonces, vemos que la diferencia es que en ese entonces no tenías la capacidad para soportar ese dolor. Lo encerraste temporalmente en una caja que solo tú conocías; no tenías más recursos, ni más fuerza. Podrías pensar cosas como: «En este momento, apenas puedo aguantar, y no debería remover ninguna de mis heridas. ¿Qué pasa si me vuelven a hacer daño?», en lugar de eso, preferiste enterrar esas heridas con cosas que te hacían sentir bien. Dado que esas heridas han sido enterradas, llega un momento en el que incluso desconoces el hecho de que han sido enterradas.

Pero ahora tienes a una pareja que te quiere, las personas que te rodean son totalmente diferentes a las de ese entonces, tu piel atópica también ha mejorado. Debió ser muy difícil en ese momento, muy doloroso. Sin embargo, desde el presente, como si miraras una cicatriz en tu cuerpo, puedes pensar algo así como: «En ese momento me dolió mucho, pero ahora la huella que ha dejado es muy leve». O puedes observar la cicatriz y simplemente recordar y reconocer el dolor que sentiste cuando te hiciste la herida.

Yo: (Empiezo a llorar) Ah, tienes razón.

Psiquiatra: Lo siento por mi voz.

Yo: No te preocupes. Al leer ese libro, realmente sentí que la caja que había guardado en secreto, esa que incluso estaba protegida por un envoltorio, había sido finalmente descubierta. Puede que haya sido yo misma la que la haya desenvuelto. Me siento bien, tengo la sensación de haberme quitado un peso de encima. Y aunque aún me falta algo de práctica, ahora, cuando alguien me valora mucho, siento que tengo la confianza de decir: «Pero de pequeña me sentía muy insignificante; no le agradaba a nadie».

Psiquiatra: Sí. Como mencionaste antes, cuando hablaste con tu pareja, intentaste analizar su respuesta. Ahora eres capaz de hacerlo. Me gustaría que te dieras cuenta de que ahora puedes hablar con alguien y evaluar su respuesta. Ya no eres la misma persona que eras en el pasado.

Yo: Tienes razón, soy mucho más fuerte. No me gusta que mis traumas o las heridas del pasado encuentren una conexión con el presente. Creo que es porque cuando pasa esto, siento que nunca podré liberarme de mi pasado. Es por eso que palabras como: «El pasado no es nada; no te define» eran un consuelo para mí. Pero ahora me doy cuenta de que no es que no haya conexión...

Psiquiatra: Es una buena reflexión. ¿Cómo se te ocurrió leer ese libro? ¿Alguien te lo recomendó?

Yo: No, tengo la costumbre de leer las nuevas publicaciones. Es como un pasatiempo. Estaba navegando por el sitio web de una librería cuando vi que estaban mostrando las nuevas publicaciones, y el título *Hunger* me llamó la atención. El subtítulo, *Una confesión sobre el cuerpo y el hambre*, también despertó mi interés. Suelo disfrutar de los ensayos autobiográficos. Leí la introducción del libro y noté un dolor en el pecho, me dieron muchas ganas de leerlo. Curiosamente, tuve el impulso de querer leerlo, pero como si en realidad no me interesara tanto, no lo compré de inmediato. Simplemente lo dejé en la cesta durante unos días hasta que finalmente me decidí. Justo cuando lo compré era el Día Internacional de la Mujer. Tomé una foto del libro y en cuanto lo abrí… no sabía cómo era posible lo que me estaba pasando. Tan pronto como leí el prólogo comencé a llorar.

Psiquiatra: ¿Cómo te sentías antes de leer el libro?

Yo: Un momento. (Leo mi diario). Era un jueves. Estaba un poco cansada.

Psiquiatra: ¿Por alguna razón en especial?

Yo: Estaba ocupada. Tenía una reunión en la empresa y, por mi libro, otra reunión más. No pude descansar bien durante tres días seguidos, y el jueves tuve que quedarme en el trabajo hasta las siete porque había formación interna en la empresa. Y si tengo que pensar en algo más, ya sabes que me obsesiona mi propia capacidad, tengo miedo de parecer incapaz de algo. Si alguien tiene una buena idea en la empresa, podría simplemente pensar: «¡Qué gran idea!», pero en lugar de eso, me encuentro pensando: «¿Por qué no se me ocurrió a mí primero?». No estoy segura de por qué me siento así. Los talleres de empresa son reuniones sobre un determinado proyecto que duran toda la jornada laboral. A todos se les ocurrieron muchas ideas originales y brillantes, y yo sentí una profunda sensación de autodestrucción. Pensé:

«¿Verdaderamente alguien como yo es capaz de escribir un libro?». Pero, ¡algo bueno! Hoy siento que no fue para tanto. Aunque es verdad que en ese momento fue difícil, sentí mucha presión.

Psiquiatra: ¿Nadie te hizo sentir presión adrede?

Yo: No, nadie. Es gracioso; me podría entender mejor a mí misma si alguien me hubiera presionado para compartir algo, pero eso no pasó.

Psiquiatra: Como nadie te presiona, parece que te presionas a ti misma.

Yo: Puede ser. Y pienso que todos están pensando: «Seguramente tiene ideas pero no las quiere compartir. Estará tramando algo. Nunca se sabe cuándo va a explotar», es un delirio mío. Verdaderamente, tengo una personalidad muy extraña.

Psiquiatra: Entonces, ¿te haces sufrir a ti misma pensando todo esto?

Yo: Sí. Me hago sufrir a mí misma, pero aun así siento el deseo de parar. Ah, y antes mencioné que escribí todo lo que recordé de mi pasado en una libreta. Como lo escribí mientras lloraba, está todo muy desordenado. Pero cuando lo he vuelto a leer, he visto que al principio escribí: «Me quiero arruinar». Siempre he dicho que me quiero arruinar, desde que comenzamos el tratamiento. Y tú me preguntabas qué significaba para mí arruinarme, y yo respondía que arruinarme sería vivir como quisiera, sin preocuparme por nada; a lo que tú contestabas preguntándome si eso era verdaderamente arruinarme. Para mí, arruinarme ahora mismo sería dejar el trabajo. Solo han pasado cuatro meses desde que me cambié de departamento porque quería aprender más, pero hay mucho trabajo, y todos estamos muy ocupados. Además, el decir: «Mi salud mental no está en un buen momento, así que lo quiero dejar» es a la vez algo que deseo y algo que me va a arruinar. He estado pensando cosas así.

Psiquiatra: Tal vez, debido a ese mismo temor de arruinarte, te presionas antes de que lo haga otra persona. Puede ser una forma de manejar la sensación de carga.

Yo: Ah, es verdad, la sensación de tener una carga encima; últimamente lo noto mucho. Ayer hicimos el taller en la empresa, pero como ya sabes, tengo mucho miedo a relacionarme con los demás. En la sala de reuniones había unas trece personas. Lejos de ser un ambiente cargado, era más bien relajado. Yo tampoco sé muy bien cómo explicarlo. En nuestra empresa no hay nadie que se aproveche de su edad o su posición para exigir un buen trato de los otros empleados. Pero aun así, se sigue manteniendo un orden de rangos. Por ejemplo, cuando estamos todos reunidos el liderazgo se acumula de manera natural en el jefe de departamento. Nosotros simplemente nos sentamos a su alrededor e intentamos acoplar nuestro comportamiento a lo que pensamos que él quiere. Cuando dice algo como: «¿Hay alguien que esté registrando los detalles de la reunión? ¿Hay algún ordenador?», siempre es el empleado más joven el que se levanta y va a buscar un ordenador. Es un ambiente de este tipo; a mí me da miedo y no me gusta nada.

Cuando estoy con compañeros de mi edad, me siento a gusto, pero cuando se reúnen empleados con más autoridad, tengo mucho miedo y ansiedad. Me domina el temor de pensar: «Estas personas me critican y me desprecian, podrían hacerme daño». Nadie me dice nada directamente, pero siempre termino alejándome.

Psiquiatra: Parece que sigues teniendo miedo a que te abandonen. Antes ni siquiera podías ser consciente del deseo de autodestruirte, y pensabas: «¿Yo? ¿Seré capaz de hacer esto?». Pero ahora eres capaz de imaginarlo, y te dices cosas como: «Si me duele tanto estar aquí, mejor me voy. No, pero aun así quiero que me reconozcan». Parece que esos dos pensamientos coexisten dentro de ti.

Yo: Sí, el deseo de aguantar sea como sea para poder ser reconocida y el deseo de dejarlo todo, tirar la toalla.

Psiquiatra: Exacto. Pero si no hay presión o ansiedad, es difícil que haya progreso. Si recibes una crítica y no puedes aceptarla, eso puede convertirse en un problema. Creo que, de alguna manera, sientes que tu miedo está sirviendo a un propósito: el de hacerte progresar. Normalmente se dice que las personas cambian con la edad. Es como si, en el pasado, alguien fuera completamente progresista, pero al envejecer empieza a sentir más ansiedad y se pregunta cosas como: «¿Me he vuelto más conservador?». Después de reflexionar sobre ello, ajusta su comportamiento. Me gustaría que consideraras este momento como un periodo de transición. Si antes tus pensamientos y comportamientos estaban guiados por una dicotomía, ahora podrías permitirte más flexibilidad y aceptar la posibilidad de que tu comportamiento y lo que piensas no concuerde. Tal vez, al hacerlo, te sientas más cómoda contigo misma.

Yo: Recuerdo que en otra ocasión también me comentaste lo del periodo de transición, y me hizo sentir muy desorientada. No sabía distinguir si verdaderamente estaba pasando por un periodo de transición. Pero esta vez he tenido la sensación de que estoy dentro de un proceso. Al menos eso es lo que quiero creer.

Psiquiatra: Has hecho bien.

Yo: Me consolaron mucho las palabras de mi pareja: «Nunca he odiado a alguien por ser gordo, feo o tener problemas en la piel». Creo que son muy buenas palabras.

Psiquiatra: Todos tenemos una experiencia similar: no querer recordar una versión de nosotros mismos en el pasado. Por ejemplo, puedes tener el juicio moral de que no deberías odiar alguna cosa en concreto, pero sin darte cuenta te encuentras odiando exactamente eso. Eso te avergüenza, te hace reflexionar sobre ti misma. En un pasado cabe la posibilidad de que no solo se haya sido víctima, sino que también se haya sido culpable. Pero los pensamientos propios se crean cuando se ponen a prueba de una forma u otra y se lucha contra ellos; es así como nos convertimos en las personas que somos. Recordar tus experiencias guiadas por tu manera de pensar en extremos no significa que esas experiencias describan tu esencia completa.

Yo: Sí, tienes razón. Durante mucho tiempo he vivido con una perspectiva de la vida y unos pensamientos que solo se centraban en los hombres. Me quería ver bien ante ellos, pero al mismo tiempo odiaba esta parte de mí misma. Sin embargo, mi pareja me preguntó por qué detestaba eso de mí misma, me dijo que no lo comprendía. Me cuestionó sobre qué significaba el odio. Yo respondí: «¿El odio? Es algo que no te agrada en absoluto. Bueno, quizás algo incluso peor que eso», pero aun así no lo entendía. Entonces me dijo: «¿No es normal que queramos vernos bien ante los demás? ¿Te parece odioso que, cuando era niño, intentara lucir bien frente a alguien que me gustaba, esforzándome al máximo e incluso malinterpretando la situación?». A lo que respondí que, evidentemente, no me parecía odioso en lo más mínimo. De hecho, no lo considero odioso, sino más bien encantador e incluso da un poco de lástima. Después pensé: «Es verdad, ¿por qué habría de ser odioso esto? ¿Qué hay de malo en querer verse bien ante los demás? ¿Qué hay de malo en querer ser querido?», me tranquilizó un poco pensar esto.

Y en el libro *Hunger* hay un texto que me pareció interesante. Decía que lo difícil no es mirar hacia dentro, sino mirar hacia dentro con atención. Comentaba que la autocompasión y el narcisismo son los peores rasgos de la personalidad y la escritura, y es fácil caer en su trampa. Pero yo pienso que tengo bastante autocompasión. Así que me hirió leer que la autocompasión y el narcisismo son los peores rasgos y que pueden interferir en la escritura. ¿Por qué son los peores rasgos?

Psiquiatra: No lo sé. No hay manera de saberlo. Si tienes tendencia a la autocompasión y el narcisismo, tu manera de ver el mundo puede verse limitada. Para decirlo de forma sencilla, siempre se piensa que se tiene la razón. Todo se relaciona con las propias heridas.

Yo: ¿Soy narcisista? ¿Soy demasiado autocompasiva?

Psiquiatra: No creo que tengas una tendencia muy fuerte al narcisismo. Aunque sí que tiendes a ser bastante autocompasiva.

Yo: ¿Es malo ser autocompasiva?

Psiquiatra: No, ¿por qué debería serlo? No he leído el libro, pero por el fragmento que has comentado parece criticar a aquellas personas que escriben con la actitud de: «¿Lo has pasado tan mal como yo? Yo soy la persona que peor lo ha pasado. Si no lo has tenido tan difícil como yo, mejor no hables».

Yo: Ah... puede ser. La razón por la que la autocompasión me ha causado tanto sufrimiento es que siento que soy demasiado autocompasiva. Mi vulnerabilidad al dolor me ha llevado a recibir mucho daño. Pero seguramente también habrá habido numerosas ocasiones en las que yo he dañado a alguien, estoy segura de eso. No obstante, solo recuerdo haber sido herida. En mis escritos hay muchos recuerdos de las heridas que he recibido, seguramente algunos leerán eso y pensarán: «Está tan llena de autocompasión... Parece que está haciendo un *cosplay* de víctima».

Psiquiatra: Vivimos en una sociedad en la que expresarnos es algo natural. «Lo he pasado así de mal. Lo he superado de esta forma». Con escritos así, alguien puede sentirse consolado. En lugar de intentar despertar lástima, ¿no sería mejor compartir tus experiencias de una forma clara y honesta?

Yo: Me gustaría poder hacer eso. Quiero evitar ser demasiado emocional. Y últimamente he estado recordando muchas cosas que había olvidado.

Psiquiatra: Eso es algo muy bueno. Significa que se está liberando todo aquello que ha estado oprimido. En nuestro subconsciente hay cosas tan escondidas que ni siquiera podemos recordar. Pero cuando se abren las compuertas y todo lo que habías olvidado vuelve a tu mente, significa que ahora estás lista para soportar el peso de esos recuerdos; es una señal de que puedes manejarlo, o al menos, intentarlo.

Yo: Así que tenía razón, siento que soy mucho más fuerte. Me alegra ser capaz de creer que soy más fuerte.

Psiquiatra: Me alegro.

Yo: Sí, cuídate del resfriado. Nos vemos la semana que viene.

Psiquiatra: Gracias.

2

Solo acepto palabras que me hacen daño

La sensación de que arreglarme era antinatural por mi falta de belleza está desapareciendo. Estoy harta de que se me critique por mi apariencia. Recuerdo cuando me comparaban con mi hermana mayor, que era más guapa que yo, y cuando mi primo tenía que decidir quién era más bonita, si yo o ella. En ese tiempo, no tenía ninguna popularidad en la escuela primaria y secundaria. (Ahora tampoco soy muy popular, pero en aquel entonces ni siquiera recibía la más mínima atención). Los amigos de mi expareja le preguntaron qué veía en mí, le dijeron que no era nada guapa. En otras ocasiones he llegado a oír que parezco una norcoreana; que soy el tipo de mujer que no gusta a los hombres. Un compañero de trabajo me dijo que si iba con él al lugar donde hacía el voluntariado, destacaría entre las demás. Incluso cuando me llamaban guapa, el cumplido a menudo venía acompañado de algo que insinuaba que no despertaba ningún tipo de deseo sexual, y luego seguía algún tipo de acoso. También escuché un chiste poco convincente sobre ponerme barras de hierro en las rodillas para crecer unos centímetros. Cuando he ido a entrevistas de trabajo, en algunas ocasiones se han reído comentando la diferencia entre la foto en el currículum y mi apariencia. He escuchado incontables veces que me veo mucho mejor en las fotos, así que ahora ya ni me molesto en revisar las fotografías que se me toman. Ante las raras veces que alguien me ha hecho un cumplido, siempre ha habido otra persona que ha comentado: «Sehee tampoco es tan guapa». Incluso si conozco a alguien que me dice que mi cara es la más bonita del mundo, siento que el cumplido es algo amargo. Solo digiero con facilidad aquellas palabras que me empequeñecen.

3
Mi obsesión por la dieta de la que no puedo escapar

Cuando era pequeña no estaba muy interesada en mi cuerpo. Lo que más llamaba la atención de él era mi piel atópica, y era muy inusual que recibiera comentarios sobre mi constitución corporal. Solo recuerdo que tenía un tipo de cuerpo muy común, muy ordinario. Sin embargo, me encantaba comer, y como la etapa de crecimiento se extiende durante la primaria y hasta principios de la secundaria, seguía creciendo cada año y lograba mantener mi peso bajo control.

Durante las vacaciones de invierno de mi tercer año de secundaria, estaba viendo la televisión con una camiseta de manga corta cuando mi hermana mayor me preguntó: «¿Qué te ha pasado en los antebrazos? ¿Por qué has engordado tanto?». En ese momento, alguien de forma anónima me dijo que estaba demasiado gorda. Fue entonces cuando empecé a preguntarme si había algo mal con mi cuerpo y a compararlo con el de otras chicas. Comencé a odiar mi cuerpo. Pensaba cosas como: «Yo tengo grasa en la barriga pero esta amiga no, mis mofletes están más rellenos que los de esta amiga, mis brazos son gruesos pero los de ella son delgados y finos». De forma natural acabé odiando mi barriga, mi rostro, mis brazos y todas aquellas áreas de mi cuerpo donde se acumulaba la grasa.

Hasta ese momento, solo diferenciaba entre cuerpos delgados y gordos, pero luego empecé a agregar más categorías: muy delgados, delgados, normales, ligeramente gordos, entre otros. Comencé a clasificar a las mujeres según su tipo de cuerpo. Sentía que si ganaba peso, sería menospreciada, y de hecho, eso sucedía. Mi obsesión con las dietas, que comenzó en la secundaria, no terminó cuando logré bajar de peso en la adultez; ha persistido hasta hoy.

Yo: Hola, ¿estás mejor de la garganta?

Psiquiatra: Sí, mucho mejor. ¿Cómo estás?

Yo: ¿Yo? Estaba bien, pero vuelvo a tener problemas con mi dieta…

Psiquiatra: ¿Qué tipo de problemas?

Yo: Mi empresa está planeando un libro en forma de diario psicológico. El objetivo es crear un diario que aborde algunas de las preocupaciones de las mujeres en sus 20 y 30 años. Los temas incluyen la obsesión por las dietas, la adicción a las relaciones, las compras impulsivas, el control de la rabia, entre otros. Por eso compré un libro de un autor que aparece en la sección de dietas. El libro incluye un test para evaluar si tienes un problema relacionado con la alimentación, y señala que una puntuación superior a 27 indica la presencia de este tipo de trastorno. Obtuve una puntuación de 46. Al verlo, me pregunté si realmente estoy enferma. No es algo que me obsesione, pero sí creo que me ha hecho ser consciente de la seriedad de la situación. Una compañera de trabajo hizo el test y obtuvo 8 puntos. (Qué vergüenza). Creo que mi apetito y las dietas me han acabado dominando.

He ganado tanto peso que la ropa de verano ya no me queda bien. Tengo unos pantalones que solían ser demasiado anchos en la cintura y siempre los usaba con un cinturón, pero ahora me quedan perfectamente. Me da tanto agobio que siento que me voy a volver loca.

Creo que mis problemas mentales han mejorado mucho. Ya no me siento tan triste ni tengo esa sensación de vacío, aunque también he estado tan ocupada que no he tenido tiempo para esos sentimientos. Sin embargo, mi obsesión con mi peso sigue igual.

Psiquiatra: ¿Qué piensas cuando ves tu cuerpo tal y como es, sin ropa?

Yo: Odio ver mi cuerpo. No me gusta nada. Cada vez que lo veo me agobio.

Psiquiatra: ¿Te agobias porque crees que pareces un cerdo?

Yo: Sí, estoy rechoncha. No llego a gorda, pero sí rechoncha.

Psiquiatra: ¿Verte de esta forma tiene una influencia directa en lo que comes?

Yo: Cuando estoy agobiada siempre como más. Es como si ya me diera lo mismo. Soy incapaz de controlar mi apetito, mis comidas no son regulares, y en realidad el simple hecho de comer me estresa muchísimo. Solo disfruto de la primera comida; cuando como por segunda vez, ya estoy demasiado estresada, así que termino pensando que, dado mi nivel de estrés, es mejor comer algo que realmente me apetezca. Siempre se repite el mismo patrón. Aunque coma mucho en el almuerzo, eso no significa que no vaya a tener hambre por la noche, así que opto por saltarme la comida. Pero he oído que si te saltas comidas te apetecen cosas más dulces.

Psiquiatra: Es correcto, porque el hipotálamo, aquello que controla tu apetito, acaba dañándose.

Yo: Sí, últimamente he pensado que necesito cambiar. Cuando me salto comidas y solo como una vez al día, al día siguiente termino comiendo una gran cantidad de bolsas de patatas. Hace poco comí tres bolsas de golpe. Cuando hago eso, me siento muy mal: tengo mucha sed, la piel me pica y en general me siento incómoda. Me arrepiento y me siento mal conmigo misma.

Psiquiatra: ¿Comes fruta o verdura?

Yo: Normalmente, como alguna manzana. A veces también ensalada.

Psiquiatra: En realidad el tema de la dieta es una preocupación muy común para las mujeres de hoy en día. Muchas sienten que la dieta es un deber. Si tienes mucha hambre, es normal que te sientas recompensada al comer. Creo que es importante encontrar una manera de aliviar esa hambre constante.

Yo: Tienes razón. Es más fácil no comer; una vez que empiezo no hay manera de parar.

Psiquiatra: A mucha gente le pasa eso, incluso a mí.

Yo: ¿En serio? La pastilla de la mañana me ayuda a controlar mi apetito. Últimamente, ya no me doy atracones por las noches; esa vez que me comí las tres bolsas fue por la mañana, las compré de camino al trabajo. Comí tanto que la gente empezó a preguntarme: «¿Estás estresada por algo?». Mi pareja me sugirió que hablara contigo sobre lo que está pasando. Me recomendó que te preguntara si es posible controlar esto con medicación, ya que parece que lo que me causa más dolor siempre está relacionado con la dieta y el aumento de peso. Dado que no puedo manejar esta situación solo con mi voluntad, me aconsejó que lo discutiera contigo.

Psiquiatra: Lo irónico de la situación es que si objetivamente otra persona te mirara, no pensaría que estás gorda. Quieres perder peso por una cuestión de satisfacción personal; aunque estés en un rango de peso normal, te sientes gorda. Hay personas que ven resultados al tomar supresores del apetito, y podemos considerar esa opción. Pero antes que nada, creo que sería bueno encontrar algo que reemplace la posibilidad de tomar esos supresores en tu vida diaria. Por ejemplo, si piensas: «A partir de hoy no voy a comer más bolsas de patatas», seguramente te resultará muy difícil. Debe haber algo que pueda reemplazar el hecho de que no comas bolsas de patatas. Si no, puedes experimentarlo como una carencia.

Yo: ¿No se puede solucionar nada con medicación?

Psiquiatra: ¿Quieres tomar supresores del apetito? La composición de este medicamento es similar a las pastillas que tomas por la mañana. Yo también los tomo. A mí no me hacen mucho efecto, así que hay temporadas que los tomo y otras que no, pero hay personas que lo notan mucho.

Yo: Pues me gustaría tomarlos.

Psiquiatra: No son los supresores del apetito que se tomaban antes. Normalmente, los que se recetaban en las clínicas de nutricionistas tenían un componente que frenaba el impulso de comer, el efecto inicial era muy fuerte, pero no duraba mucho. Después venía el efecto rebote. Actualmente, en lugar de eso, se recetan unas pastillas con un resultado inicial no tan intenso, pero los resultados a largo plazo son más duraderos. ¿Tomas vitaminas? Te vendría bien tomar vitamina C. Las personas que hacen dieta tienden a tener dificultades para absorber esta vitamina. Aunque sea de manera artificial con pastillas, estaría bien que cuides tus vitaminas.

Yo: De acuerdo.

Psiquiatra: Una clínica de medicina familiar realizó un estudio en el que comparó a personas que tomaban vitamina C con aquellas que no. Descubrieron que las que tomaban vitamina C obtenían mejores resultados al hacer dieta. Tomar vitamina C es importante porque, al ser un antioxidante natural, ayuda a prevenir el envejecimiento celular que puede ocurrir si no se lleva una buena alimentación.

Yo: Ya veo. Creo que me estoy haciendo mayor.

Psiquiatra: ¿Te estás haciendo mayor?

Yo: Sí. Y no me importa mucho mi salud. Mi pareja siempre se preocupa mucho por su salud. A menudo dice que no le gusta pensar en cuánto dinero costaría si se enferma, o en la posibilidad de morir por alguna enfermedad. Me comentó que su mayor miedo es ponerse enfermo. Pero yo siempre he considerado a la salud como algo trivial. Ah, quería hablar de esto; yo tengo algo raro, considero poco importantes aquellas cosas que los demás consideran muy importantes, y me enfrasco en aquellos asuntos aparentemente pequeños que los otros consideran triviales. Por ejemplo, el hecho de tener glaucoma no me genera ansiedad, pero soy mucho más sensible a las palabras de los demás que pueden herirme. Esas palabras se almacenan en mi interior, y me hacen daño.

Psiquiatra: En lugar de clasificar los temas como importantes o poco importantes, es más relevante reflexionar sobre lo que cada cosa significa para ti. Por ejemplo, si piensas que, al enfermarte, puedes recibir tratamiento y curarte, es comprensible que no sientas mucha ansiedad al respecto.

Yo: Ah, ¿entonces es cuestión de perspectiva?

Psiquiatra: Exacto. Cuando otros ven lo que te preocupa, podrían pensar: «¿Por qué se preocupa por eso?». Cada persona reacciona de una forma distinta.

Yo: ¿El hecho de no preocuparme por mi salud y no ser sensible a que me lastimen tiene algo que ver con mi estado psicológico?

Psiquiatra: Podría tener algo que ver con un posible deseo de autocastigarte. Tal vez quieres ponerle trabas a cualquier cosa que te pueda hacer feliz.

Yo: Ya veo. Pero aun así tengo la sensación de que estoy mejorando.

Psiquiatra: El hecho de que hayas comentado que ya no te va bien la ropa, significa que eres capaz de hablar de ello. «Prefiero no pesarme más, ¡simplemente perderé peso!», pareces pensar algo así. Tal y como este ejemplo, creo que los aspectos en los que puedes tomar el control han aumentado.

Yo: Y como antes no tenía nada de confianza en mí misma, me dejaba dominar por la inquietud de ser juzgada por otras personas. Pero últimamente eso ya no me pasa tanto. Le doy más importancia a lo que siento y no me afecta mucho lo que otros piensan. Me gusta sentirme así.

Psiquiatra: ¿Puedes ignorar lo que dicen de ti?

Yo: Sí. A veces me digo: «Soy mucho más feliz que antes y estoy mejorando, así que, ¿por qué preocuparme? ¿Por qué debería importarme algo tan insignificante?». Antes solía pensar: «No estoy viviendo de la manera correcta. Seguro que ahora me veo extraña. ¿Qué pasa si en realidad me estoy echando a perder sin ser consciente de ello?», pero ya no tengo esos pensamientos. Mi hermana mayor solía inquietarme mucho, pero últimamente su influencia sobre mí ha disminuido.

Psiquiatra: ¿Hay algún momento en que te sientas disgustada si alguien te molesta? Por ejemplo, pensando cosas como: «¿Por qué esta persona es tan entrometida?».

Yo: Hm, pienso cosas como: «Que se preocupe de él mismo, ¿por qué se entromete en mi vida?».

Psiquiatra: ¡Qué bien!, eso es señal de que priorizas tu propia vida. Hoy en día hay muchos modelos de vida, y cuando ves a otras personas piensas: «Pueden vivir así o de otra manera, es su elección»; lo ves con cierta relatividad. Pero curiosamente, al mirarte a ti misma, siempre lo haces desde la perspectiva de los demás, y a menudo desde la más negativa. Es como si, al mirarte con esa visión antigua y dañina que otros tienen de ti, te hicieras daño. En realidad, no necesitas adoptar esa perspectiva.

Por ejemplo, habrá personas que verán tus tatuajes y pensarán: «Nunca se lo podrá borrar, ¿cómo ha sido capaz de hacer eso?», y otras que simplemente pensarán que es bonito. En cualquier caso, cuando te haces un tatuaje, puedes dejar de lado los pensamientos estereotipados y simplemente pensar: «Tengo una razón para hacerlo, es bonito, así que me lo quiero hacer».

Yo: Tienes razón. Desde que pienso así mi vida es mucho más cómoda. Pero hay una cosa que me incomoda, mi capacidad. No puedo deshacerme del miedo a no ser reconocida en la empresa, a que se me abandone, a que se me ignore, a que se me insulte.

Psiquiatra: Es imposible liberarse por completo de eso, ya que no vives sola en este mundo. Por ejemplo, si me contratan en una empresa, al principio me puedo sentir bien, pero una vez que empiezo a trabajar, tengo deberes y responsabilidades que cumplir. Todos vivimos con ese estrés y esa responsabilidad.

Yo: ¿Tú también te estresas mucho por eso?

Psiquiatra: Claro. Por ejemplo, si creo que un paciente está mejor pero no vuelve a las sesiones, empiezo a pensar que tal vez he hecho algo mal.

Yo: Ah, esas cosas… supongo que es inevitable. Últimamente, a excepción de mi peso, estoy contenta con mi vida; y he estado reflexionando sobre maneras para mantener esta felicidad. He escrito un libro y he ganado algo de dinero, así que les he dado dinero a mi hermana mayor, a mi hermana pequeña y a mis padres. No es una gran cantidad, pero he aprovechado que económicamente estoy más tranquila. Creo que no voy a poder volver a vivir sin esta tranquilidad, así que pienso mucho en el dinero.

Y mi estrés en la empresa proviene más de las personas que de la naturaleza del trabajo en sí. Nadie me dice nada, ni siquiera se me presta mucha atención, pero siento una presión que creo yo misma; no puedo detener mis pensamientos. El estrés del trabajo lo manejo bien, pero el estrés de tratar con personas, la competencia y la presión constante de tener que adaptarme y no quedarme atrás… A veces solo quiero escapar de todo eso.

Psiquiatra: Sería bueno que pudieras reconocer que ese tipo de estrés es algo que todos experimentamos y que, aunque seas muy feliz, es difícil escapar por completo de él. El estrés es inevitable; incluso en los momentos más felices es imposible que todo sea perfecto. Pero como eres fuerte, ahora eres capaz de seguir adelante aunque alguien te golpee, mientras que en un pasado hubieras sido mucho más sensible a los golpes. Cuando pienses que tu vida es muy difícil te puede ayudar pensar algo como: «¿Qué puedo hacer para que esto me duela menos y poder seguir adelante? Yo no soy la única que sufre».

Yo: Entonces simplemente lo tengo que aceptar... El trabajo me estresa, pero estoy contenta con él. Aunque esté muy nerviosa y mi propia falta de talento me parezca insoportable, aunque otras personas me parezcan genios y todos estos pensamientos me produzcan estrés, me gusta estar ocupada. Pero... Creo que he recibido más estrés de lo que me imaginaba. Ha sido muy difícil. Así que para la semana que viene no, la otra, me he pedido un descanso de tres días. Voy a estar en la isla de Jeju durante cuatro noches y cinco días. Les dije que me gustaría usar mis vacaciones de verano ahora, que me iría bien descansar unos días y luego volver para poder seguir trabajando mejor.

Psiquiatra: Seguramente ya habrán florecido los cerezos cuando vayas. Has comentado que, a excepción de perder peso, todo lo demás estaba bien. Entonces, sería bueno hacer algunos cambios en otros aspectos de tu vida. Por ejemplo, cuando tengas una cita podríais hacer alguna actividad que implique moveros un poco en lugar de ir a cenar.

Yo: Hoy mi pareja me ha propuesto ir a caminar, pero le he dicho que no. Normalmente él no insiste mucho, pero hoy me ha dicho: «Venga, va, que incluso hace buen tiempo», así que me ha convencido. Me alegro de haber ido.

Psiquiatra: Pero la realidad es que es casi imposible perder peso solo aumentando la cantidad de ejercicio que haces...

Yo: Ya, las comidas también son importantes...

Psiquiatra: Sí, el hacer más deporte fomenta el apetito. Es inevitable comer más cuando se hace deporte. Por eso es un poco difícil. Si ves que te es difícil puedes acabar pensando cosas como: «He hecho esta cantidad de deporte, así que me merezco comer esto». Estaría bien que reflexionaras sobre cómo disminuir las calorías de las comidas que te gustan, los carbohidratos o los tipos de azúcares. Los azúcares afectan de manera muy directa el circuito de recompensa, brindando una satisfacción inmediata. Sin embargo, todo lo que produce efectos rápidos tiende a generar dependencia, como sucede con las drogas. Cuando consumes algo dulce, sientes los efectos de inmediato, pero también desaparecen rápidamente. Esto es algo común en todo lo que es dulce. Sobre los supresores del apetito, intenta tomar una pastilla por la noche, y luego ya decidiremos. ¿O quieres tomarte la pastilla después de comer?

Yo: Siempre tomo mis pastillas por la mañana, a las ocho y media. Las pastillas que me has recetado para dormir parecen estar funcionando. Me sigo despertando por la noche, pero tengo la sensación de haber dormido un poco más.

Psiquiatra: Pues mejor que las tomes después de comer.

Yo: De acuerdo. Hasta la semana que viene.

4

Simplemente es un cuerpo muy ordinario

No sé qué hacer. Cada vez que me encuentro con alguien, siempre comentan sobre mi aumento de peso, y eso me hace no querer salir de casa ni ver a nadie. Cuando me dicen que he ganado peso, siento que me están diciendo que estoy más fea, y cuando dicen que parezco estar más saludable, lo interpreto como que estoy gorda. Además, considero el hecho de ganar peso o de estar gorda como algo digno de desprecio. La mirada crítica de los demás hacia mí se convierte en la forma en que yo misma me veo, y se vuelve más aguda y rigurosa, hiriéndome más profundamente que cualquier comentario externo. Tengo una obsesión por la apariencia, por la dieta, por la enfermedad. Cuanto más me culpo a mí misma, más me reprimo; y eso se traduce en un atracón de comida mayor que el anterior. En un abrir y cerrar de ojos ya han pasado diez años desde que estoy así. En el bachillerato estaba un poco gorda, y aunque perdí peso en la universidad, eso no significa que me volviera guapa. Sin embargo, no se me criticaba por comer patatas fritas mientras paseaba, ni por comer chocolate justo después de la comida; ya no escuchaba comentarios como: «Es por eso que engordas». Me gustaba que cuando comentaba que estaba haciendo dieta me respondieran: «¿Pero tú qué peso vas a perder?». Era un poder despreciable y extraño. Estaba completamente absorta en eso, y ya no perdía peso por mi propia salud, sino por la mirada de los demás. Mientras pensaba estas cosas me acechaba un apetito incontrolable, y acabé por ser incapaz de restringirlo. Todo es culpa mía.

5
El hábito de observarme a través de ojos ajenos

Durante mis 30 años de vida, lo que más he notado es que los demás no tienen interés alguno en mí. Esta realidad me entristece; yo tengo mucho interés en otras personas. Aunque en realidad me interesa más cómo me veo ante los demás. Pero, a pesar de todo, es verdad que tengo mucho interés en las personas que me rodean. Siento curiosidad por saber dónde van, qué piensan, qué sienten. Soy de esas personas que notan al instante cuando alguien ha cambiado su peinado o maquillaje, y cuando veo a alguien con una ropa bonita, siento la necesidad de hacerles un cumplido. Lo malo de esto es que, así como reconozco las cualidades positivas, también me resulta muy sencillo ver los aspectos negativos de las personas. Tal vez por eso me siento sola cuando noto que alguien no muestra interés en mí. Cuando me cambiaba de ropa porque no me gustaba lo que llevaba puesto, nadie parecía notarlo. (¿Deberían darse cuenta?). A veces cambiaba de peinado y observaba cómo me miraban, solo para darme cuenta de que no lo hacían de una forma que indicara que lo habían notado. Esas situaciones eran cómodas, pero también un poco solitarias.

Yo: Hola.

Psiquiatra: ¿Qué tal tu apetito? ¿Ha disminuido?

Yo: Ah… sí. Creo que ha disminuido un poco.

Psiquiatra: ¿El hecho de que tu apetito haya disminuido ha provocado que comas menos?

Yo: A excepción de una vez que comí demasiados dulces porque estaba estresada, he comido bastante bien, de manera adecuada.

Psiquiatra: ¿Por qué estabas estresada?

Yo: Yo… hay algo que me inquieta mucho. Estoy pensando en dejar el trabajo.

Psiquiatra: ¿Por qué?

Yo: Le comenté a la empresa que había firmado un contrato para publicar el libro, pero me dijeron que no podía hacer eso. El presidente de la empresa me dijo que no entendía por qué hacía este tipo de trabajo, y que pensaba que podría tener repercusiones negativas para mi trabajo en la empresa. Sus palabras me molestaron. La empresa no puede contar conmigo las 24 horas, y no entiendo por qué se entrometen en el trabajo creativo de alguien fuera del horario laboral. Es como si mi aprecio por la empresa hubiera desaparecido por completo. De repente, todo me parece muy agotador, y realmente estoy muy cansada. Así que he pensado en decirles que esto forma parte de mi libertad, y que si se entrometen dejaré la empresa.

Psiquiatra: ¿No crees que deberías pensar también en las consecuencias de dejar el trabajo?

Yo: Es verdad que debo pensar en las consecuencias, pero no lo sé. El viernes no fui al trabajo porque estaba enferma. Mi pensamiento dominante era ignorar las posibles consecuencias y simplemente renunciar a la empresa. Me odiaba por no ser sincera con mis emociones y por dejarme llevar por el miedo al juicio o al rechazo de los demás. Ese sentimiento se quedó conmigo y me irritó tanto que empecé a pensar que debía renunciar.

Psiquiatra: Parece que de nuevo tus pensamientos son un tanto extremos, solo hay dos opciones: o seguir trabajando en la empresa o dejarlo. ¿No crees que tal vez podría ser una forma de hacerte daño a ti misma? Entiendo tu frustración y tu enfado, pero ese enfado directamente se ha conectado con la posibilidad de dejar el trabajo. De nuevo piensas de una forma extrema: dejar o no dejar la empresa, publicar o no publicar el libro.

Yo: La verdad es que solo han pasado cuatro meses desde que me cambiaron de departamento, así que tal vez es un poco pronto para decidirlo, pero no siento ni entusiasmo ni motivación. En el trabajo, mis ideas y propuestas casi nunca son aceptadas, y lo único que hago es leer los libros que me asignan. Todos mis compañeros parecen estar ocupados, mientras que yo soy la única que parece no tener nada que hacer. Nunca sé en qué ocuparme. Es ese tipo de aburrimiento que me deja sin ganas de hacer nada. Me siento sin energía, y esa sensación de apatía siempre vuelve.

Psiquiatra: Cuando te sientes tan decepcionada como ahora, es normal que todo te parezca negativo. En vez de notar el lado positivo, estás en un estado en el que te enfocas solo en lo malo. Cuanto más le des vueltas, más negativo te parecerá todo. ¿No sería mejor intentar entender la perspectiva de los demás, dejando de lado tu propia visión, para poder verlo todo de forma más objetiva?

Yo: ¿Y cómo puedo llegar a comprender la perspectiva de la empresa?

Psiquiatra: Eso no lo sé, como se trata de algo de la empresa... ¿No crees que habrá alguna manera? Si no intentas comprenderlo todo mejor y decidir después de eso, puedes acabar perjudicándote a ti misma.

Yo: ¿Perjudicándome? Pero yo no considero el dejar la empresa como un sacrificio.

Psiquiatra: En un principio querías seguir trabajando en esta empresa. La idea de que quieres dejar el trabajo porque te aburre y sientes que no estás rindiendo bien podría ser solo una justificación que te estás creando para hacer que esa decisión parezca más razonable.

Yo: ¿Quieres decir que me estoy dejando llevar por mis emociones?

Psiquiatra: Eso parece.

Yo: Pero todos estos pensamientos son de la semana pasada, y han pasado tres días pero no han desaparecido.

Psiquiatra: Porque están motivados por la rabia...

Yo: ¿Por qué siento que ya no tengo el mismo afecto hacia mi trabajo?

Psiquiatra: Muchas personas también sentirían frustración si estuvieran en tu lugar. Sin embargo, las decisiones que tomarían variarían según sus prioridades. Cada uno reacciona de manera distinta.

Yo: Tampoco es tan grave que me insulten. No sé por qué me da tanto miedo ser insultada.

Psiquiatra: Parece que, aunque digas que «tampoco es tan grave que me insulten», te autocriticas a través de la imagen que reflejan los ojos ajenos, como si tu percepción de ti misma dependiera de ellos. Incluso sin quererlo, consideras tus emociones a través de la mirada de los demás, sin ningún filtro. Así, aunque haya algo valioso o beneficioso para ti, acabas renunciando a ello solo por la influencia de otros. En esa situación, está bien que elijas de manera egoísta, haciendo lo que realmente te beneficia.

Yo: Nadie me insulta ni me dice nada negativo, pero no puedo deshacerme del pensamiento de que «en la empresa me van a insultar, no les caigo bien». Parece que soy yo sola quien se angustia y provoca su propio agotamiento.

Psiquiatra: Si alguien con quien no tienes ningún vínculo te insulta y tú no lo escuchas, ¿qué más da? No tiene relevancia si hablan mal de ti entre ellos; claro, podría incomodarte si lo llegaras a saber, pero al final, como no son personas significativas en tu vida, realmente no debería importarte tanto, ¿no crees? Si sucediera al revés, es decir, si alguien a quien quieres te insultara, eso seguro que te haría daño. Creo que es importante diferenciar estas dos situaciones. Deberías intentar ser más honesta contigo misma y enfocarte en lo que piensas de ti, en lugar de en lo que los demás piensan de ti. Parece que tiendes a mezclar tu propia imagen con la que crees que los demás tienen de ti. No todo el mundo te percibe de la misma manera. Al esforzarte por ajustarte a cada persona y prestar atención a los demás, terminas agotándote. Como resultado, es posible que no tengas suficiente energía para quienes realmente quieres y te aprecian, lo que puede llevar a que se sientan decepcionados contigo. No poder tratar bien a las personas que quieres te hace sentir arrepentimiento. Creo que es completamente válido hacer una distinción entre las personas que te importan y aquellas con las que no tienes una relación tan significativa; todo el mundo lo hace. Si existe una forma de proteger mejor tus intereses, de minimizar las pérdidas y maximizar los beneficios, ¿por qué no tomar esa decisión con seguridad y ponerla como una prioridad?

Al tomar una decisión, el pensamiento de «¿lo hago o no?» suele ser el último en aparecer. Ir directamente a esa pregunta te impide reflexionar sobre los pasos intermedios que deberías considerar antes de decidir. Es como si omitieras todo el proceso y fueras directa a la elección. Podrías haber tomado una decisión más tranquila y considerando todas las posibilidades, pero acabas pensando: «Ya estoy cansada, simplemente decidiré esto». Si esto se convierte en un hábito, con el tiempo podrías darte cuenta de que te ha perjudicado más de lo que imaginabas. Y en ese momento, repararás en que ya no tienes margen de acción. Comprendo tu ira y decepción, pero te animo a que no dejes que ese enojo te haga daño.

Yo: ¿Parece que vaya a tirar la toalla?

Psiquiatra: Sí.

Yo: Tienes razón. Estoy muy agotada, aburrida y lo quiero abandonar todo.

Psiquiatra: Cuando lo que sientes se traduce en una acción concreta, puede que después te arrepientas de haber actuado. Creo que sería bueno que, aunque ya hayas escrito tu carta de renuncia, sigas yendo a trabajar. Así, cuando lo pienses mejor, si decides dejarlo, lo harás mientras reflexionas sobre lo que quieres hacer después.

Yo: No quiero ir a la empresa.

Psiquiatra: Si no quieres ir, piensa en tu plan de salida. Me gustaría que tuvieras un poco más de fe en la fuerza de la razón.

Yo: Cuando mis pensamientos son tan extremos pienso: «¿Cuál es el propósito de estar viva?». Hay cosas que me hacen feliz, pero sigo compitiendo sin descanso; se me tienen que ocurrir buenas ideas, este tipo de preocupaciones pesan mucho más que la felicidad. Si mis emociones son enterradas por la ira, lo único que quiero hacer es morir. Cuando miro a mis compañeros, parece que todos tienen una adicción al trabajo; todos hacen horas extras... Yo soy la única que no las hace. Pienso que les caigo mal porque solo cumplo con las horas de labor, me voy de vacaciones con frecuencia y cuando me pongo enferma no voy a trabajar. No me quiero esforzar mucho en el trabajo.

Psiquiatra: Es como si intentaras meterte en la mente de tus compañeros de trabajo y predecir lo que piensan. Consideras lo que crees que sienten como algo real. Te sientes culpable. Esa culpa, a su vez, se transforma en ira. Las personas que se consideran atractivas suelen no verse afectadas por las críticas a su apariencia. Pero si, por ejemplo, yo menciono un complejo y alguien, en broma, critica esa parte de mí, es probable que no lo tome como una broma, sino que esas palabras puedan llegar a convertirse en un trauma. (No entiendo muy bien lo que quiere decirme).

Yo: ¿Y entonces qué hago?

Psiquiatra: Tal vez has estado un poco sensible y has imaginado los posibles mensajes implícitos que la empresa te ha ido enviando. Creo que tienes muchas preocupaciones y angustias sobre lo que pensarán los demás de ti. No necesitas hacer horas extras, y no tienes que forzarte a hacerlo por el entusiasmo de tus compañeros o por lo que puedan pensar de ti. Pero pareces tener un pensamiento dominante que dice algo como: «Tengo que hacer horas extras en esta empresa, pero de nuevo soy la única que no las hace». Si para ti es importante respetar tu horario y evitar horas extras, te ayudaría dedicar tiempo a algún interés o pasatiempo después del trabajo.

Yo: De acuerdo. Pero verdaderamente no entiendo por qué todo el mundo trabaja tanto.

Psiquiatra: Cada uno tendrá sus razones.

Yo: Pero para mí es una carga de consciencia. Pienso que soy la única que es vaga...

Psiquiatra: La carga de conciencia que has mencionado no se basa en tus propios estándares, sino en los de la empresa. «Como no trabajas y tienes mucho tiempo, te dedicas a escribir un libro y publicarlo con otra empresa», pareces pensar algo así, y este pensamiento es bajo los estándares de la empresa, es algo que crees que la empresa podría pensar.

Yo: ¿Y entonces cómo debo pensar?

Psiquiatra: Creo que deberías fomentar los deseos que parecen egoístas. Al juzgarte desde la perspectiva de los demás o según el «sentido común», y compararlo con lo que realmente quieres, acabas viendo tus propios deseos de una manera negativa. ¿Hablas de todo esto con tu pareja?

Yo: Si le digo que quiero dejar el trabajo, me responde que lo deje.

Psiquiatra: Cuando dices que quieres dejarlo, ¿crees que habrá algo que extrañarás una vez que tomes la decisión?

Yo: ¿Echar algo de menos? Simplemente lamentaré el hecho de que no tenga la suficiente experiencia laboral para poder encontrar otro trabajo; también echaré en falta el dinero.

Psiquiatra: Esas dos cosas son bastante importantes. Comentas que todos parecen estar muy ocupados y tener una obsesión con el trabajo, seguro que hay algo negativo en eso, pero pienso que también se puede encontrar algo positivo. Antes has mencionado que hace solo cuatro meses que te cambiaron de departamento, es decir, que es posible que la cantidad de trabajo que tienen otros compañeros tuyos no sea la misma que tienes tú. Querías este trabajo, pero si lo dejas por otro motivo sin haber acumulado suficiente experiencia, creo que podría ser algo que te perjudique.

Yo: Creo que me decidiré una vez que me vaya de viaje y descanse un poco.

Psiquiatra: ¿Y qué harás hasta que te vayas de viaje?

Yo: Planeaba presentar mi renuncia el lunes, pero esperaré un poco.

Psiquiatra: ¿Cuando firmaste el contrato del libro se lo comunicaste a la empresa? ¿O cuándo tenías pensado firmarlo?

Yo: El miércoles de la semana que viene. Creo que esta vez me tendrías que dar las pastillas para dos semanas, porque me voy de viaje.

Psiquiatra: Sí. Sería bueno que consideraras las distintas opciones que tienes. También te serviría recordar tus propios méritos.

Yo: Sí, tienes razón.

Psiquiatra: Aprovecha el viaje e intenta no pensar demasiado. Espero que te ayude a relajarte un poco y reducir la ansiedad.

Yo: Gracias.

Psiquiatra: Pásatelo bien.

6
No quiero ser excluida, pero deseo ser libre

Por la tarde tuvimos una reunión en la que presenté tres ideas, pero dos de ellas ni siquiera fueron mencionadas. Tal vez fue por falta de tiempo, pero no me sentó bien. Me hizo sentir inútil, como si no sirviera para nada. Soy el tipo de persona que con el más mínimo golpe se desploma por completo. ¿Cómo puede alguien como yo trabajar en una empresa? Odio a los seres débiles y frágiles como yo. ¿Estaría mejor si fuera un poco más fuerte? ¿Si tuviera un poco más de resiliencia? Le doy importancia a cosas insignificantes, y yo misma me hago sufrir.

Odio la posibilidad de convertirme en un ser inútil. Me da miedo. Y la competitividad que existe de forma inevitable en todos sitios me parece muy ardua. Mientras estaba en la reunión de planificación pensé en lo asqueroso que es hacerse mayor de esta forma, mientras participo en este tipo de reuniones y en esta competición interminable.

Pero yo soy una persona extraña que sufre con independencia de si es feliz o infeliz, y hay momentos en los que, aunque sean muy breves, me siento agradecida por lo que tengo, así que supongo que estaré bien. Hace unos días me sentí agradecida por poder ducharme con agua caliente. Mis emociones siempre se mueven entre el vacío y la gratitud, la rabia y el agradecimiento, el deseo de pertenecer a un grupo y, al mismo tiempo, de liberarme... Supongo que son contradicciones que tengo que aceptar. Debo aceptarlo. Tengo que consolarme recordando que esta contradicción es inevitable.

7

Necesitaba que las heridas se vieran

Domingo. La depresión volvió a golpearme con fuerza. Me arreglé para ir a Yeonnamdong, pero acabé por meterme en la cama de nuevo. Comí muchos dulces y bebí cerveza. La debilidad se extendió por todo mi cuerpo, y las sábanas eran tan pesadas como un ataúd. Quería morir. Cuando abrí los ojos, ya eran más de las ocho de la tarde. Bebí *makgeolli.* Leí un libro, revisé el móvil, me comí todo el chocolate y una bolsa de algas, y me terminé toda la botella de *makgeolli.* Me abrumó el instinto de suicidarme. Quería provocar heridas visibles en mi cuerpo. La incesante fantasía del suicidio me acompañaba incluso cuando intentaba estirarme y dormir; pero de pronto, sentí el deseo que me llevaba a hacerlo. Me levanté sin titubear y cogí un cuchillo. Me hice varios cortes y, cuando creí que ya era suficiente, me puse la chaqueta y subí al cuarto piso. Desde la azotea miré hacia abajo. No me asustaba estar a tanta altura, pero temía que me doliera cuando cayera. Estuve mirando hacia abajo durante unos minutos y luego pensé que si bebía un poco más y me emborrachaba, podría decidirme a tirarme. Después de un largo tiempo, volví a casa. Me senté al lado de mi pareja y estuve mirando mis propias heridas, pero de repente él se despertó. «¿Qué te ha pasado en los brazos? ¿Te lo has hecho tú?». Tuve miedo y me escondí bajo el edredón. «Sí», susurré, y mi pareja me miró con una expresión perpleja; después se levantó a buscar una pomada y me la extendió por los brazos. Soporté esa noche, finalmente me quedé dormida. El estrés y la ansiedad no cesaban, y al día siguiente me dolía la cabeza por la resaca, en general me sentía muy mareada. Me salieron sarpullidos por todo el cuerpo. La imagen de mi piel iluminada por el sol me parecía insoportable, así que me metí en la habitación pequeña y bajé las persianas para no dejar entrar la luz. Después de estirarme y leer un poco, llamé a mi psiquiatra. Me recomendó que me ingresaran. No paraba de llorar, mi pareja lloraba conmigo. No entendía por qué había llegado hasta este punto. Después de estar acostada un rato, me preparé para ir al hospital.

Yo: Hola (Ya estoy llorando).

Psiquiatra: ¿No has ido a trabajar?

Yo: No, estoy descansando.

Psiquiatra: Si te ingresan en el hospital, ¿la baja por enfermedad es automática?

Yo: Como ya quería dejar el trabajo, lo voy a dejar.

Psiquiatra: Siempre puedes dejar el trabajo más tarde, tal vez ahora es mejor que cojas la baja si te acaban ingresando. No estás en la mejor condición para tomar decisiones ahora; no estás en tu estado habitual. Si cuando recuperes tu equilibrio, te das cuenta de que alguna de las decisiones que tomas ahora no es la mejor, podría hacerte daño.

Yo: No quiero ir a trabajar…

Psiquiatra: Eso está claro, debes odiar esa posibilidad. Creo que te haría bien dejar de pensar y preocuparte por temas relacionados con el trabajo, pero al obsesionarte con dejarlo, le estás dando más atención de la que merece.

Yo: Lo quiero dejar. (No dejo de repetirme).

Psiquiatra: Solo digo que lo puedes decidir más adelante. Si en un tiempo decides dejar el trabajo, nadie te lo va a impedir. Si esa decisión la tomas en un estado en el que no puedes controlar ni tu cuerpo ni tu mente, por mucho que lo hayas pensado, es difícil considerarla una decisión correcta. (Porque no estoy en buenas condiciones para tomar esta decisión). ¿Me puedes enseñar las heridas?

Yo: (Se las enseño).

Psiquiatra: ¿Te has cortado varias veces?

Yo: Sí.

Psiquiatra: ¿Con qué te cortastes?

Yo: Con un cuchillo.

Psiquiatra: ¿Qué sentistes?

Yo: Pensé que tampoco era para tanto.

Psiquiatra: ¿Y qué pensaste cuando viste la sangre?

Yo: Que sale sangre.

Psiquiatra: ¿No sentiste ninguna sensación agradable?

Yo: Era como una... como una sensación de alivio.

Psiquiatra: ¿Cuándo decidiste hacerte daño?

Yo: Que cuándo lo decidí... no lo sé.

Psiquiatra: ¿Experimentaste alguna sensación de estar aturdida en ese momento?

Yo: Sí, sentí que ni mis emociones ni mis pensamientos estaban realmente relacionados con la decisión de lastimarme.

Psiquiatra: ¿Lo pensaste antes de hacerlo?

Yo: Un poco.

Psiquiatra: ¿Un día? ¿Lo pensaste desde el día anterior?

Yo: No. Como te comenté en nuestra sesión anterior, simplemente tenía el impulso, y ayer no estaba muy bien así que estuve sentada durante todo el día. Y bebí mucho alcohol. Bebí una cantidad normal y me eché a la cama para dormir, pero aún quería beber más, así que bebí una botella entera de *makgeolli.* Después me propuse dormir, pero tenía muchas ganas de cortar mi piel, así que en ese momento me levanté de la cama.

Psiquiatra: ¿Te acuerdas de todo?

Yo: Me acuerdo de toda la situación, pero no recuerdo lo que pensé. Creo que no pensaba mucho, simplemente... «Ah, por fin he podido conseguir hacer algo», solo sentía esto. Hace tiempo que siento el impulso de suicidarme. Siempre tuve el pensamiento de suicidarme arrojándome desde un lugar muy alto. No fue porque quisiera tirarme; simplemente pensé que estar en un lugar alto me ayudaría y que sentir una sensación de peligro me podría llevar a recuperar mi estado de normalidad, así que subí a la azotea del cuarto piso. Al mirar hacia abajo, tuve miedo. Y pensé que debería arrojarme desde un lugar más alto que ese. Tenía miedo, pero al mismo tiempo tampoco tanto. Pensé que si me decidía y bebía un poco más, podría arrojarme perfectamente.

Psiquiatra: ¿No pensaste en tu pareja?

Yo: No pensaba tirarme desde allí. Pensé en las molestias que les causaría a mi pareja y a mis vecinos.

Psiquiatra: ¿Lo pensaste cuando estabas en la azotea?

Yo: No, es un pensamiento que siempre está presente. Pensé que estaría bien hacerlo en un lugar de obras abandonadas o algo así.

Psiquiatra: ¿Qué has sentido esta mañana al ver las heridas?

Yo: Que era demasiado... trivial. Que mis heridas eran demasiado tímidas, poco audaces. He pensado que soy muy débil.

Psiquiatra: ¿No te duele?

Yo: Ah, son cortes poco profundos; como no son profundos, no me duelen mucho.

Psiquiatra: Mientras te cortabas, ¿pensaste en cortar más fuerte para suicidarte?

Yo: Pensé que no quería morir de esa forma. Pensé que lo que estaba haciendo era simplemente una herramienta para hacerme daño a mí misma. Era una sensación un poco extraña... Me sentí liberada al ser consciente de que me estaba haciendo daño, pero la sensación de cortar carne no me gustó.

Psiquiatra: Cortarte y subir al tejado son tus propias decisiones, pero a veces ocurren accidentes. Puedes subir simplemente para mirar hacia abajo, pero cabe la posibilidad de hacer un mal movimiento y caer. O por ejemplo, hay personas que intentan descubrir alguna manera de ahorcarse, pero como no hay nadie a su lado, acaban muriendo. ¿Qué habría pasado si hubieras tenido un accidente?

Yo: ¿Si no estoy preparada para morir pero acabo muriendo? Ah... no lo sé. Tal vez intentaría desatarme, golpearía la cuerda que me ata al cuello y gritaría.

Psiquiatra: Sí, la mayoría de las personas gritan e intentan desatarse, pero cuanto más gritan, más se aprieta el nudo que las ata.

Yo: (Sorprendida) ¿En serio? Pero si me resbalo y caigo, como es cuestión de un segundo, no creo que tenga tiempo suficiente para pensar.

Psiquiatra: Entiendo que puedas sentir satisfacción al hacerte daño, pero eso puede llevarte a algo muy trágico: puedes no estar preparada para morir pero morir por accidente, o sufrir secuelas para toda la vida. Creo que también deberías pensar estas cosas. Hay muchos aspectos en tu vida que no están yendo como tú quieres. Como hay tantos, es natural que pienses en ir tú misma detrás de algo que puedas controlar; como el hacerte daño a ti misma, o el dejar el trabajo.

Yo: Quiero hacer lo que quiera. Si me hago daño a mí misma de esta manera, ¿no pareceré más loca? ¿Más inestable? Pienso cosas así.

Psiquiatra: ¿Qué significa para ti proyectar una imagen de inestabilidad, ya sea de manera positiva o negativa?

Yo: Como las personas de la empresa o a mi alrededor no pueden ver lo que sufro, piensan que estoy exagerando... De hecho, a veces yo misma creo que estoy siendo exagerada. En cualquier caso, creo que lo entenderán cuando les diga que renuncio; entonces podrán verlo.

Psiquiatra: Lo que quiero decir es, ¿qué sentido tiene mostrarles eso?

Yo: Si ven que no estoy bien, tal vez piensen: «Ah... no está muy estable mentalmente» y así toleran mejor mi decisión de dejar el trabajo.

Psiquiatra: ¿Por qué necesitas que entiendan tus razones?

Yo: Simplemente me gustaría que lo entendieran.

Psiquiatra: Cada persona tiene sus propios motivos para dejar un trabajo: ya sea porque han encontrado otra forma de ganarse la vida o porque no se llevan bien con sus superiores. Pero, ¿es realmente necesario llegar al extremo de involucrar tu propio cuerpo solo para disipar las sospechas que crees que tienen sobre ti y mostrarles tus heridas diciendo: «Hasta ahora no os las había enseñado, pero aquí están. Ahora que las habéis visto, me voy»?

Yo: No lo sé. Yo... yo simplemente no tengo ningún sentido. (Suspiro). Creo que exagero.

Psiquiatra: ¿Quieres decir que buscas formas para justificar o racionalizar lo que tú crees que es una exageración? Cuando algo duele, es normal mostrar sufrimiento.

Yo: ¿Soy exagerada? Deseo que alguien reconozca mi dolor, que lo vea.

Psiquiatra: Pero, ¿no crees que la primera en reconocer tu dolor debes ser tú?

Yo: Siempre cuestiono mi dolor; aparece y desaparece. Cuando algo me duele, puedo identificarlo claramente, pero incluso si es un dolor intenso, al mismo tiempo me pregunto: «¿Y tú qué razón tienes para que algo te duela tanto?».

Psiquiatra: Parece que los pensamientos que surgen de tu entorno son muchos. Ya sea cogerte la baja o dejar el trabajo, son cosas que puedes hacer con la simple explicación de que estás pasando por un mal momento. Pero mi pregunta es: ¿por qué sientes la necesidad de racionalizar estas decisiones a través de la explicación que das a los demás? Tal vez no sea solo una explicación para ellos; quizás también intentas explicártelo a ti misma.

Yo: (Empiezo a llorar) No lo sé; no sé por qué soy así.

Psiquiatra: Hace un tiempo vi a una persona que se hizo un corte profundo en la muñeca. Era un hombre, un soldado. Lo hizo tal y como lo has hecho tú: en una sola línea. Al principio solo se hizo unos cuantos cortes, pero por la impresión de que otras personas pensaran que lo hacía solo para llamar la atención y para mostrarles que estaban equivocados, se cortó con un corte profundo todo el brazo, y después vino aquí. ¿Crees que, al hacerte daño, la opinión de los demás cambiará? Al principio, obviamente se sorprenderán. Pero, ¿el hecho de que te hayas hecho daño cambiará realmente lo que piensan de ti? Si tú dijeras: «He pasado por momentos difíciles», probablemente responderían: «Ah, debió haber sido duro», y luego, ¿qué? La pregunta es: ¿marca alguna diferencia lo que los demás piensen?

Yo: ¿No crees que cambiaría la percepción que tienen de mí?

Psiquiatra: Es probable que la percepción que los demás tienen de ti no cambie mucho. Normalmente, las personas pueden tomarse un descanso del trabajo sin necesidad de mostrar cicatrices visibles en su piel. Quizás podrías intentar acostumbrarte a decir que no te sientes bien cuando realmente estás pasando un mal momento. Esa idea de aguantarlo todo hasta llegar al límite y luego mostrar tus heridas, como si dijeras: «Miren cuánto he soportado, cuánto daño me he hecho», es algo...

Yo: Pero, ¿qué cambiaría si digo que estoy pasando por un mal momento?

Psiquiatra: Lo de poder decir que estás mal lo mencioné solo como un ejemplo. Si estás tan mal como para plantearte dejar el trabajo, ¿no crees que deberías reflexionar más antes de tomar una decisión definitiva? Pero da la impresión de que cada vez que intentas reflexionar, terminas simplemente resignándote. Antes de poder decir: «No me gusta esto», parece que ya te has resignado.

Yo: ¿Y si no acepto la situación tal y como es? No puedo hacer eso...

Psiquiatra: Fíjate cómo ya niegas esa posibilidad desde un principio...

Yo: (Ya no puedo más) Pero mi trabajo es planificar libros, eso es, literalmente, lo que hago. ¿Cómo pueden negarme hacer justamente eso? Entonces, ¿qué se supone que tengo que hacer? ¿Qué hace alguien que tiene que crear libros si no puede escribirlos?

Psiquiatra: Supongo que no es solo el tema de planificar libros; deben surgir problemas en distintos procesos de ese trabajo. Creo que has estado reprimiendo todas esas quejas e incomodidades.

Yo: Ya, pero sigo sin saber qué es lo que se supone que tengo que hacer. Simplemente lo quiero dejar.

Psiquiatra: Antes también te lo he comentado por teléfono, pero parece que estás pasando por una crisis, al menos esa es la sensación que me da. Sin embargo, si la autolesión es el método para salir de una crisis, no creo que sea muy efectivo para superarla. Cuando presentes tu carta de renuncia, puede darte un alivio inmediato. Pero, ¿en qué se diferencia eso de sentirte empujada a hacerlo, sin tener realmente el control de la situación?

Yo: No quiero esperar a encontrar otro trabajo, quiero dejarlo ya.

Psiquiatra: Lo entiendo. Sin embargo, quizá sea mejor esperar a que te sientas más estable y tomar la decisión en ese momento. Antes de eso, creo que sería más beneficioso enfocarte en recuperarte del estado de estrés en el que te encuentras ahora.

Yo: ¿En el hospital?

Psiquiatra: Creo que te iría bien estar ingresada, pienso que lo necesitas. El estrés y las influencias que recibes en tu vida diaria son tan abrumadoras que parece imposible que puedas pensar de otra manera o enfocar tu atención en otra cosa. Que te ingresen no significa que vayas a mejorar de manera automática y de repente todo parezca brillante y colorido, pero te permite descansar un poco. Para descansar, también intentaste irte de viaje, pero tu estrés no ha disminuido, así que quizás necesites algo un poco más drástico. Creo que sería mejor pensar en tu renuncia al trabajo después de que te den el alta. Al enfrentar una tormenta, al principio podemos usar un paraguas o ponernos un impermeable, pero cuando la tormenta se vuelve demasiado intensa y nos quedamos sin fuerzas para resistir, lo que necesitamos es buscar refugio en algún lugar.

Yo: (No tengo nada que decir) ¿La medicación que estoy tomando provoca urticaria?

Psiquiatra: ¿Dejaste de tomar la medicación que te comenté?

Yo: Solo ayer. Me han salido granos por todo el cuerpo, incluso en las piernas.

Psiquiatra: Tienes que seguir tomando la medicación que te receté, eliminando la que te mencioné. Ya te hablé de esto, pero, en este momento, el alcohol solo te está haciendo daño, y al final es una decisión que tú puedes controlar. Sé que esto puede incomodarte, pero quiero quitarte esa opción, incluso si eso significa que debas ser hospitalizada. En el hospital no podrás beber, y espero que eso te motive a mejorar y salir más rápido. Si emborracharte realmente resolviera tus problemas o te ayudara a cerrar una etapa para empezar otra, te animaría a seguir haciéndolo. Pero sabes que cuando te despiertas al día siguiente, las preocupaciones siguen ahí, ¿verdad? Si ya no puedes soportarlo, en lugar de lastimarte, trata de encontrar el valor para decir: «Estoy pasando por un mal momento, voy a tomarme un respiro». Primero, ve al hospital, conoce las instalaciones y luego decide. Si eso no es posible, también puedes considerar un hospital universitario. Creo que te vendría bien pasar unos días ingresada, sin hacer nada, incluso si solo descansas la mente.

Yo: ¿Puedo leer?

Psiquiatra: Sí, puedes llevar libros.

Yo: ¿Y puedo preguntar si me pueden ingresar llamando por teléfono?

Psiquiatra: Como la decisión de ingresarte la toma un médico, primero tendrías que ir a que te examinen. También hay que ver si hay habitaciones disponibles.

Yo: Llamaré y lo preguntaré. Primero intentaré reservar una consulta.

Psiquiatra: De acuerdo, puedes ir cuando te vaya mejor. Incluso podrías ir ahora mismo.

Yo: Vale.

Psiquiatra: Te daré una referencia para que la muestres, pero tener demasiada información tampoco es bueno.

Creo que es mejor que hables directamente con el médico, y si él te dice que necesita una opinión adicional, llámame.

Yo: De acuerdo.

8

Desear ser yo misma, pero al mismo tiempo no querer serlo

Al acabar la sesión, el psiquiatra me dio la medicación y la carta de referencia médica. Fui directamente al hospital y cogí el turno. Cuando me llamaron, entré en la consulta y una doctora me hizo varias preguntas con una voz seca. Me preguntó si había bebido, si era la primera vez que intentaba suicidarme, qué había sentido, cómo me sentía en ese momento, etc. Yo salí de la consulta y llamaron a mi pareja. Esperé mucho tiempo, y cuando salieron, mi pareja me dijo que era mejor que volviéramos a casa. Cuando pregunté por qué, me respondió que este no es solo un lugar para descansar tranquilamente, sino un lugar de aislamiento total, con programas planificados por horarios. Y como había pacientes que verdaderamente estaban muy mal, me podía estresar aún más. Me dijo que lo que necesitaba era dejar el alcohol y dejar el trabajo. Recalcó que dejar el alcohol era lo más importante. Volvimos a casa y tiré todas las latas de cerveza. Ni siquiera se me pasaba por la cabeza la idea de beber alcohol. Mi pareja me describía en susurros todo lo que me aguardaba en un futuro radiante, aunque tal vez ese futuro nunca llegue. Narraba esa visión ficticia con coherencia, siguiendo una estructura clara de principio, desarrollo y desenlace. No cesó en su relato hasta que el sueño me envolvió por completo.

Solicité la baja sin fijar una fecha concreta para regresar al trabajo. Parecía que había enfermado de somnolencia, dormía sin cesar, tanto de día como de noche. Después de un intento de suicidio, el tiempo fluye más lentamente. Al final, es lo de siempre: quiero estar mejor, quiero ser yo misma, pero al mismo tiempo no quiero mejorar y deseo dejar de ser yo. No sé a dónde me llevará esta contradicción tan compleja.

9

Porque tengo miedo de vivir y de morir

Al oír las risas de los niños y sentir la brisa primaveral entrar por la ventana iluminada por el sol, recuperé la conciencia del paso del tiempo después de haber estado sentada en silencio, sin pensar en nada. Era una sensación extraña que no había sentido en mucho tiempo. Pensé en las autolesiones. Antes, el miedo me envolvía al darme cuenta de que poco a poco me adentraba en el camino de hacerme daño a mí misma. Es una contradicción, porque tengo el mismo deseo de morir que de vivir. Pero ahora pienso que tal vez la autolesión es un grito violento del cuerpo, un intento desesperado de aferrarse a la vida. Como tengo tantas ganas de morir y estas ansias se acumulan y crecen en mi interior, mi cuerpo no encuentra otra forma de desintegrar ese deseo que hiriéndose a sí mismo. No es un deseo que se disuelva simplemente bebiendo y llorando. Quizás por eso, después de autolesionarse, se siente un alivio, y al día siguiente te despiertas sintiéndote mejor. No es algo saludable contener el impulso de suicidarme a través de hacerme daño, pero en este momento me cuesta mucho encontrar otra forma de afrontarlo.

Psiquiatra: ¿No te han ingresado? ¿Has ido al hospital?

Yo: Sí, he ido. Pero me dijeron que era un lugar de aislamiento... Me comentaron que no es un lugar para ir a descansar; más bien al contrario, me dijeron que podía incluso empeorar mis niveles de estrés, así que volví a casa.

Psiquiatra: ¿Ni siquiera visitaste las instalaciones?

Yo: No.

Psiquiatra: Antes de ir, ya sabías que era un lugar para estar aislada. ¿Te hizo cambiar de opinión escucharlo directamente y decidiste volver a casa?

Yo: En realidad estaba tan cansada que solo quería dormir. Lo único que quería era descansar, pero como me dijeron que trabajaban con programas planificados por horarios que comenzaban por la mañana... No me sentía bien, así que volví a casa y durante tres días no hice otra cosa que dormir.

Psiquiatra: ¿Qué hiciste cuando te despertaste?

Yo: Simplemente estaba en casa. A excepción de pasear a mis perros, no salía de casa.

Psiquiatra: ¿Disfrutaste de los paseos con tus perros?

Yo: Sí, pero pensé que la sensación de disfrutar de algo era demasiado corta.

Psiquiatra: ¿Has comido bien?

Yo: Sí.

Psiquiatra: ¿Qué piensas cuando estás en casa?

Yo: Hm... Tenía un mal día cada dos días, pero el día después de que me autolesionase me sentía mejor. Tenía la impresión de que algo se había resuelto. Sin embargo, al día siguiente, volví a sentirme mal. No tenía ganas de hacer nada, y me hice más cortes encima de las heridas. Tenía la sensación de estar volviéndome loca. Como sentía que estaba volviéndome loca, pensé que ya no podía permitirme estar así y que hacer algo me ayudaría, pero no estaba en condiciones de hacerlo. Era como si quisiera actuar, pero al mismo tiempo no lo quisiera. Ayer por la tarde me sentía mejor; de hecho, ayer estaba bien, pero hoy vuelvo a sentirme mal.

Psiquiatra: ¿Hoy te encontraste mejor tan pronto como abriste los ojos por la mañana, o fue después de hacer algo?

Yo: En general, cómo me siento lo percibo desde el momento en que abro los ojos.

Psiquiatra: Cuando abrimos los ojos por la mañana, vemos el día que hace. ¿Cómo te sentiste cuando viste que hoy hacía sol?

Yo: Lo odié, mucho. Mi piel atópica ha empeorado, así que tengo brotes por todo el cuerpo. En casa no tengo cortinas opacas, por lo que siempre entra mucha luz, y eso hace que mi piel se vea aún más. Odiaba tanto ver mi cuerpo que me he encerrado en la habitación pequeña, he bajado las persianas y me he cubierto el cuerpo con pantalones largos y manga larga.

Psiquiatra: Cuando sale el sol, ¿automáticamente prestas atención a tu piel?

Yo: Sí, y siempre pienso que odio como se ve.

Psiquiatra: ¿Ha empeorado el estado de tu piel?

Yo: He dejado de consumir alcohol porque creía que era la causa principal de mis problemas. De hecho, me lastimé a mí misma después de haber estado bebiendo, lo que me asustó, así que ya ha pasado una semana desde que dejé el alcohol. Sin embargo, esta vez que me hice daño, lo hice con plena conciencia.

Psiquiatra: ¿Qué sentiste? ¿Fue una sensación similar a cuando te autolesionaste por primera vez?

Yo: No lo sé. Cortarme una sola vez me hizo pensar que tampoco era para tanto. Y como no me he hecho un corte profundo, en seguida se va a hacer costra y no va a dejar cicatriz. No me gusta que los cortes sean poco profundos, así que tiendo a cortarme encima de los cortes de manera continuada. También pienso: voy a ir a la empresa a presentar mi renuncia, pero ¿no sería más rápido el proceso si ven los cortes?

Psiquiatra: ¿Cómo crees que va a reaccionar la empresa cuando presentes tu renuncia? ¿A qué te refieres con que irá todo más rápido si les enseñas tus heridas?

Yo: Siempre existen ciertos procedimientos a seguir para renunciar a un trabajo. Por lo general, aunque declares que te estás yendo, se espera que continúes trabajando al menos un mes más. Además, la empresa necesita tiempo para encontrar a alguien que te reemplace. Creo que al mostrarles mis heridas, lograré que reconozcan que debo irme lo más pronto posible. El proceso de renuncia en mi empresa es algo complicado y requiere bastante documentación.

Psiquiatra: Ya veo. A pesar de todo esto, ¿hay algún momento en el día en el que te sientes bien?

Yo: Pienso que hay algo único en el momento de despertar por la mañana. Al abrir los ojos, siento cómo la fragilidad se va extendiendo poco a poco por todo mi cuerpo, y eso me trae calma. Esta primera impresión determina mi estado de ánimo y me acompaña durante todo el día.

Psiquiatra: ¿Y los días que te sientes bien también tienes esta sensación de fragilidad?

Yo: Sentirme bien no significa que de repente la vida valga la pena.

Psiquiatra: ¿El estado de tu piel influye en cómo te sientes durante el día?

Yo: Sí, ha mejorado un poco, pero como todavía está bastante mal en algunas zonas, como las piernas, eso sigue afectando cómo me siento.

Psiquiatra: ¿Las heridas de los brazos se están curando?

Yo: Sí, van mejorando poco a poco.

Psiquiatra: Además de pasear a tus perros, ¿qué sueles hacer cuando estás en casa?

Yo: Normalmente no veo la televisión, pero últimamente me he enganchado a un programa llamado *Produce 101* donde salen *idols*. Hay un concursante que se llama Kang Daniel y es muy mono. Pensaba que si al menos me hacía fan de algo tendría ganas de vivir, pero el chico este me acabó gustando de verdad. Así que empecé a ver todos sus videos con entusiasmo, también los programas de entretenimiento en los que salía. Pero todo me parecía un poco banal, y no me gustaba esa versión de mí misma. Cuando veía programas de entretenimiento, me sentía bien; son divertidos. Al perderme en esa sensación de diversión, estaba mejor.

Psiquiatra: Tu pareja ha visto tus heridas, ¿verdad? ¿Cómo reaccionó?

Yo: Fue muy difícil para él, se puso a llorar. Lloró mucho. Dice que se siente culpable por no haber podido detenerme, y yo me siento mal.

Psiquiatra: ¿Estos días mantienes contacto con alguien más que no sea tu pareja?

Yo: No. Ah, pero me acabo de acordar de algo. Una amiga me mandó un mensaje por KakaoTalk, pero como estaba tan mal no respondí, ni siquiera lo leí. Parecía estar molesta; comenzó a enviarme muchos mensajes sobre su situación personal. Aún no los he leído, pero… no me gustó que hiciera eso. Sin embargo, si esa persona depende de mí y la aparto, se va a sentir herida. Me siento mal por eso, así que al final termino no haciendo nada.

Psiquiatra: Quizás esta situación sea parte del patrón habitual en el que te mueves. En lugar de centrarte en lo que esa persona necesita, intenta concentrarte en el presente. «Ahora mismo me siento muy mal, lo siento, pero no tengo la energía para lidiar con tus preocupaciones o dificultades. Cuando me sienta mejor, te responderé». ¿No crees que podrías manejarlo así?

Yo: Ah… Sí, tienes razón. Pienso demasiado, me preocupo por todo. Tengo muchas ganas de morirme. Incluso he pensado en ti, en la culpa que sentirías si yo muriera. Pero… esto lo digo de verdad, sin exagerar: no quiero vivir. ¿Qué puedo hacer con esto? De verdad que no quiero vivir. Si alguien me escuchara seguramente pensaría algo como: «Pues muérete, ¿qué necesidad hay de exagerar tanto y hacer que los demás se cansen de escucharte?».

Psiquiatra: No creo que exageres. Y el no querer vivir no creo que sea una sensación aislada de hoy, pienso que la semana pasada tampoco querías vivir.

Yo: (Empiezo a llorar). Simplemente no sé nada. Tal vez lo haya olvidado porque el tiempo antes de empezar la medicación ya quedó atrás, pero siento que estoy empeorando. Y no paro de reprocharme eso, me entierro a mí misma en ese reproche y tengo la continua sensación de ser una persona enferma, y ese pensamiento de estar enferma lo empeora todo; lo estoy pasando muy mal. Y como tengo la sensación de estar volviéndome loca, pienso en suicidarme. Siempre he sido muy miedosa, por eso no lo intentaba, pero al final, cuando finalmente haces algo que te da miedo, no resulta ser gran cosa. Pensé que no era para tanto, y realmente me hice estos cortes como si no tuvieran importancia.

Psiquiatra: Como sé lo difícil que es para ti esta situación y lo mucho que quieres morir, recomendé que te ingresaran. Pero tal vez lo interpretaste de una manera diferente a la que yo pretendía.

Yo: En el hospital me dijeron que hay muchas personas como yo que van a preguntar, pero que si me ingresaran, no aguantaría ni un día... Como me dijeron eso, pensé que lo mejor sería descansar en casa.

Psiquiatra: Pero en casa tampoco descansas. Hace un tiempo me dijiste que, al comparar cómo te sentías antes de comenzar a tomar la medicación con cómo te sientes ahora, te das cuenta de que tienes más ganas de vivir en este momento. Eso fue hace aproximadamente un mes.

Yo: Ah, es verdad. ¿Esta depresión y vulnerabilidad que siento hacen que desaparezca por completo cualquier curiosidad o interés?

Psiquiatra: Sí, normalmente hace que todos tus intereses desaparezcan.

Yo: Aunque esta comparación suene un poco extraña, me siento como una abuela que ya lo ha vivido todo. No tengo interés por absolutamente nada, y aunque he estado viendo vídeos de Kang Daniel, hoy he sentido que incluso eso me parecía tedioso. Me aburro muy fácilmente y no me puedo abstraer en nada, todo me parece aburrido. Pero también tengo un pensamiento que entra en contradicción con todo esto. Como mi vida es tan aburrida, pienso que quiero hacer algo. Esta semana no he hecho otra cosa que descansar, así que me ha sobrado tiempo; he dormido durante tres días seguidos y he descansado mucho, y veía unas cuatro horas de programas de entretenimiento al día. Tengo mucho tiempo. Como me aburro, quiero eliminar esa monotonía, y para lograrlo necesito hacer algo. Pero no tengo ganas de hacer nada. Me aburro, pero no tengo ganas de hacer nada. Y dado que esta contradicción no cesa, siento que me voy a volver loca. Así que a las doce de la noche salí y me tumbé en el césped, sentía que no podía respirar. Aunque no tenga ganas de hacer nada, con independencia de cómo me sienta, creo que debería hacer algo. Pienso cosas así, pero cuando me siento tan débil no soy capaz de hacer nada. En cambio, cuando me siento un poco mejor, puedo hacer algo. Ayer, por ejemplo, estaba mejor y pude tener un buen día. Al atardecer, fui a ver la puesta de sol y disfruté mucho paseando a mis perros. Incluso pude oler el aroma de las flores. Ayer por la noche tuve la sensación de que vale la pena vivir. Pero rápidamente, en un intervalo de un solo día, vuelvo a sentirme frágil y pierdo el interés por todo, lo veo todo en blanco o negro.

¿Quién no sabe que hay que buscar la felicidad en las pequeñas cosas? Pero como ni siquiera puedo hacer eso… tengo la sensación de estar rota, y pienso que vivir así es algo muy lamentable.

Psiquiatra: Estoy de acuerdo en que vivir así es algo triste. Sin embargo, no creo que sea imposible deshacerse de esa sensación, incluso cuando parece que no hay manera de sentirte bien. Aunque un día te sientas mejor y al siguiente vuelvas a empeorar, sigo creyendo que puedes llegar a estar bien. Si ahora miras atrás y piensas en el último año, ¿dirías que hubo más días buenos o más días malos? Da la impresión de que te estás negando la oportunidad de seguir adelante. No puedo asegurarte con certeza que las cosas cambiarán, pero si te fijas en las personas que vienen aquí, hay muchas que han intentado quitarse la vida, como tú al cortarte las muñecas, pero han fallado en su intento. Todas estas personas dicen algo diferente cuando reciben el alta; pero lo que dice la mayoría es similar: «No sé por qué en ese momento no podía pensar otra cosa...».

Yo: Tienen razón, es lo único en lo que puedo pensar. Es por eso que al día siguiente de haberme autolesionado me sentía mejor. No entendía por qué lo había hecho. «Debo cuidarme más, dejar el alcohol, comer bien y hacer ejercicio». Pero luego, al día siguiente, volví a sentirme muy vulnerable, y me corté otra vez.

Psiquiatra: Ahora mismo te sientes más negativa porque ves los cambios día a día, pero si te detienes a pensarlo, hace un mes decías que te sentías mejor, ¿verdad? ¿Qué ha ocurrido en este último mes? Es muy probable que algo te haya afectado y haya provocado este empeoramiento.

Yo: El libro y mi piel atópica, también he engordado.

Psiquiatra: No se trata solo de haber publicado el libro, sino de que durante ese proceso, a pesar de haber hecho todo lo posible y de haber dado lo mejor de ti misma, es probable que te hayas encontrado con situaciones desalentadoras que tal vez te hayan influido.

Yo: ¿Es posible que eso haya sido una gran fuente de estrés, incluso si no fui del todo consciente de ello?

Psiquiatra: Sí.

Yo: En ese hospital también me dijeron que debería dejar el trabajo.

Psiquiatra: Pero ahora tu impresión sobre la empresa es demasiado negativa, ¿no crees?

Yo: Honestamente, solo de pensar en esa empresa me dan ganas de vomitar. Creo que debería dejar el trabajo.

Psiquiatra: Como ya te comenté, puedes renunciar al trabajo. ¿Pero qué pasa si tomas esa decisión cuando no estás en buenas condiciones y después te arrepientes?

Yo: Tomarme unas vacaciones sería una buena opción. ¿Tal vez un mes? Pero cuando pienso eso, automáticamente me viene a la cabeza que si me dan un mes de vacaciones tendré una sensación de deuda con la empresa, entonces cuando vuelva al trabajo tendré que trabajar duro durante un cierto periodo de tiempo. ¿Y qué hago si vuelvo a encontrarme así de mal? Y creo que siempre exagero demasiado... (Lo he dicho mil veces)

Psiquiatra: Parece que sigues viendo el mundo a través de los ojos de los demás.

Yo: Sí, tienes razón. Yo misma pienso que estoy exagerando, así que creo que los demás pensarán lo mismo.

Psiquiatra: Si la situación no hubiera sido tan seria, ¿por qué me habrías contactado para preguntarme: «¿Estoy actuando de manera exagerada? ¿Soy demasiado dramática?». Tu piel atópica ha empeorado últimamente, y en el trabajo las cosas no están saliendo como esperabas. Tenías un plan bien elaborado, pero no ha funcionado. Todo esto puede haber intensificado tu miedo a lo que los demás puedan pensar.

Yo: Sí, tienes razón. Ha sido exactamente como dices. Hace unos cuatro o cinco meses que me cambiaron de *marketing* a editorial, y me siento muy incompetente. No tengo ni ideas ni confianza. Este pensamiento es bastante reiterado; pienso que no quiero hacer nada. Y me comparo muy a menudo con otras personas. Gente que escribe mejor que yo, gente que tiene más popularidad que yo, me comparo con todo el mundo sin importar el género. Lo gracioso es que al ver a Kang Daniel, le tuve envidia. Es tan joven y se le ve tan interesante… También parece estar muy contento siempre. Simplemente le tengo envidia.

Psiquiatra: Lo que percibes como comparación, parece ser en realidad una herramienta para acentuar tu sensación de inferioridad.

Yo: ¿Eso crees? Es verdad que me siento muy inferior a otras personas.

Psiquiatra: Es normal que te sientas así. Si te quisieras a ti misma, ¿por qué querrías morir? Tampoco estarías mal anímicamente. Lo mismo pasa con tu capacidad. Debido a la depresión, no sientes ambición ni entusiasmo por nada, y no tienes ganas de hacer nada. La depresión también afecta al cerebro; afecta a tu capacidad de concentración y a tu memoria. Si hicieras una prueba de coeficiente intelectual, seguramente obtendrías una nota más baja.

Yo: ¿En serio? También me cuesta concentrarme en la lectura. Es como si las palabras desaparecieran. Es por eso que no he estado leyendo mucho últimamente.

Psiquiatra: Sería bueno que te liberaras de todo lo que haces por obligación. Lo que quiero recomendarte es que, aunque es genial hacer lo que te gusta cuando te sientes bien, sería útil que, en los momentos de depresión, intentes al menos simular que haces esas cosas que disfrutas, si sabes cuáles son. Y no hay problema en hacerlo también en los días en los que te sientes bien.

Yo: Esta vez me he dado cuenta de algo: no me conozco muy bien a mí misma. (No paro de repetirme). Tal vez es porque no soy muy inteligente, pero desconozco qué es lo que se me da bien y lo que me gusta, siento que no tengo ningún talento. No hay otra cosa que perros y más perros. Mi vida consiste en criar perros.

Psiquiatra: Resulta complicado descubrir lo que te gusta mientras estás mal, ¿no crees? En esos momentos, incluso las cosas que normalmente nos gustan pueden hacernos sentir mal. A menudo, experimentamos lo que nos gusta como una carga. Por ejemplo, es habitual que nos sintamos mejor al consolar a alguien, pero muchas veces, al ver a esa persona, pensamos: «No puedo permitirme estar triste; hay quienes están sufriendo mucho más… debería ser feliz». De este modo, nos autoimponemos una carga y nos castigamos.

Yo: Yo siempre soy así. Me pregunto qué es exactamente lo que me hace estar tan triste y exagerarlo todo tanto. Y me resulta aún más difícil porque soy incapaz de encontrar una respuesta.

Psiquiatra: Cuando te sientes un poco mejor, ¿tienes apetito?

Yo: Siempre tengo apetito. ¿Eso de allí no es un ciprés? (Señalo una planta). Creo que ya debería irme.

Psiquiatra: Voy a ajustar un poco tu medicación. La sensación de descontrol que sientes cada día parece tener un patrón que va más allá de un simple cuadro depresivo, así que te recetaré un nuevo medicamento. No es recomendable aumentar la dosis de inmediato; lo haremos de manera gradual. Mirar el cielo y tomar un poco de sol te puede ayudar. No te castigues demasiado si sientes que no te ves capaz. Si es posible, intenta hacerlo una vez al día en el momento en que te resulte más cómodo. También podría ser útil comprar cortinas opacas. Hacer un esfuerzo para mejorar tu condición física te puede ayudar.

Yo: Vale, lo intentaré. Nos vemos la semana que viene.

10
El hábito de no poder hacer nada

Finalmente presenté la baja voluntaria. Antes de decidirme pensé que descansar un poco me ayudaría, así que me tomé unas vacaciones sin una fecha fija de regreso, pero no cambió nada. Un día, de repente, fui a la empresa y presenté mi renuncia. Terminé rápidamente lo que me quedaba por hacer, y al despedirme de mis compañeros, me sorprendió ver a algunos llorando. Siempre pensé que todos me veían como una persona que exageraba, codiciosa y llena de excusas, pero parece que no era así. ¿Qué tipo de personas me imagino que son los demás? ¿Qué rostro les atribuyo? De todos modos, ahora que no necesito ir a la oficina, tengo mucho tiempo libre. No sé qué hacer con él, y me siento un poco incómoda.

Cuando he abierto los ojos por la mañana, el sol brillaba con mucha fuerza. No me ha gustado. Si me levanto a las siete aún no es muy de día, pero a las ocho y media la luz ya empieza a entrar por las ventanas. Mi piel atópica y las abundantes heridas en mis brazos me inundaron de frustración. Entré a Instagram. Las personas a quienes tengo envidia siempre van a lugares, conocen personas y escuchan música que desconozco. Es como si se me eliminara por selección natural. Me volvió a inundar la sensación de que esas personas son especiales y yo no soy nada. Los fragmentos de texto que suben son muy buenos, y siempre salen bien en las fotos. ¿Y yo qué soy? No me gusta existir no siendo ni una cosa ni la otra, no siendo nada.

Pero después de ir a pasear a mis perros y empaparme de serotonina, mis pensamientos cambiaron de rumbo mientras me duchaba. Me dije a mí misma que al menos la piel de mi rostro está bien. Debería intentar dejar de querer controlar lo que no puedo controlar. Lo que más temo es no poder hacer nada: la debilidad y la impotencia. Para superar algo, es necesario actuar, pero la imposibilidad de hacer algo quiebra incluso la voluntad de intentarlo. La debilidad que siento es como si yo fuera una planta y se me arrancara de raíz. Es un estado en el que el proceso de marchitación ya ha empezado y no hay vuelta atrás, pero eso no es evidente si solo se observa la imagen de la planta.

Abrazo a mis perros y oigo el sonido de los niños jugando; los cerezos están perdiendo sus flores y las forsythias también se están marchitando. Debería tumbarme al sol. Aunque solo sea por un momento, me ayudará a sentir esta estación en todo mi ser; debo aprovechar, el verano está a la vuelta de la esquina. Quiero estar más saludable.

11

Hay personas que desean mi felicidad

Tuve un accidente de coche. Era la primera vez que conducía el recorrido de Hongdae a Gwanghwamun, regresando a Ilsan, pero tuve un accidente en la última parte del trayecto, en Ilsan. Estaba en el punto de incorporación a un carril, pero era una intersección en que la incorporación se produce de manera inmediata, y cometí el error de no comprobar el tráfico antes de incorporarme. Cuando percibí el sonido de un claxon, choqué con un vehículo que circulaba por el otro carril, se escuchó un sonido estridente y toda la carrocería se sacudió. El coche se detuvo en el arcén, al lado de una farola.

Cuando el coche se detuvo lo único que pensé fue qué desastre, pero las personas se precipitaron y abrieron tanto la puerta del copiloto como la del piloto para comprobar cómo estaba. Había chocado con un camión, y todos estaban muy asustados. No me di cuenta de nada. Después de muchos altibajos, llamé a la aseguradora y, gracias a las llamadas de otras personas, llegaron una ambulancia y la policía. Tuve mucha suerte y no me pasó nada, pero al final acabé llevando el coche al desguace. Mientras miraba las heridas en mis muñecas y el coche completamente destrozado, empecé a preguntarme si el destino de una persona está realmente predeterminado; reflexioné sobre lo difícil que es desaparecer si aún no es tu momento para hacerlo. Hay muchas personas que luchan por vivir un día más, y me llené de autodesprecio al reparar en que mis preocupaciones son superficiales y opulentas.

Psiquiatra: ¿Cómo estás?

Yo: He tenido un accidente de coche… Incluso he llevado el coche al desguace. Choqué contra un camión de carga, pero por suerte no me ha pasado nada.

Psiquiatra: Menos mal. Lo cuentas estando muy tranquila.

Yo: Sí… simplemente es algo que ha pasado. He tenido mucha suerte. Hasta ayer no dejé de sentirme mal; como no fui al hospital, estuve dos días sin tomar la medicación. Cuando volví a tomar la medicación desaparecieron los dolores de cabeza y los episodios depresivos. Cuando tomaba la medicación a las horas adecuadas, no me daba cuenta de cuánto me ayudaba a estar bien, porque ya me había acostumbrado. Pero al dejar de tomarla durante dos o tres días, noté claramente cómo mi estado empeoraba. Por eso creo que si hubiéramos tenido esta sesión durante esos días que no podía tomar la medicación, me hubiera sido muy difícil venir.

Psiquiatra: ¿Has pensado en hacerte otro tatuaje?

Yo: No. Últimamente solo siento un fuerte impulso a autolesionarme. Pero creo que el accidente me afectó un poco. Ese día estuve muy activa. Fui a una librería en Hongdae y también a la librería Kyobo en Gwanghwamun. Aunque soy principiante al volante, logré superar rutas bastante difíciles. Regresé a Ilsan sin problemas, recogí mi medicación en el hospital, pero de camino a casa tuve el accidente.

De hecho, mientras conducía por Seúl, me sorprendí imaginando cómo chocaba contra una ladera de montaña o un muro. No podía parar de llorar. Y, como se necesita mucho valor para chocar intencionalmente, deseaba que alguien golpeara mi coche desde atrás. Pero pasó de verdad: tuve un accidente. Era un carril de incorporación, y si hubiera entrado solo medio segundo más rápido, el asiento del conductor hubiera quedado completamente destruido. Pero se destrozó todo menos el asiento del conductor. Y, además, era el coche de mi pareja. Era mi primer accidente de coche, así que no era muy consciente de la situación; pero como me había golpeado un camión de carga y el coche había chocado con una farola, las personas que lo vieron debían pensar que había muerto. Vinieron corriendo hacia mí y abrieron la puerta del asiento del acompañante para ver cómo estaba. Yo no entendía muy bien lo que había pasado y simplemente me mantuve quieta, pero llamaron al 112 y al 119. El conductor del camión dijo que no se atrevía a comprobar cómo estaba por miedo a que hubiera muerto. Pero yo no me hice daño. Estoy bien, incluso ahora. Claro que tendré que prestar un poco de atención, pero de momento estoy bien.

Mi vida cotidiana es muy monótona. A veces no reconozco la importancia del presente. Últimamente esa sensación de aburrimiento ha aumentado. Cuando estoy en casa me aburro mucho. Pero ayer tuve el accidente y sobreviví, y como es una situación en la que tuve mucha suerte, pensé de manera involuntaria: «Ah, tal vez aún no es mi momento para morir, tal vez aún me queda algo por hacer». Estuve agradecida de pensar eso. Ahora tengo un perro que es un poco viejo en casa. Tengo a mi perro, Juding, en mi casa de Ilsan, y planeaba llevarlo conmigo a mi casa en Paju. Al pensar que podría haber tenido un accidente mientras llevaba a Juding, me sentí aterrada y agradecida al mismo tiempo. Cuando llegué a casa y vi a mis dos perros y a mis seres queridos acercándose, pensé: «Ah, realmente es algo maravilloso poder experimentar todo esto».

Psiquiatra: Parece que antes del accidente no podías pensar esto.

Yo: No, no lo podía pensar. Me enfoqué tanto en mi oscuridad que tomé por sentado y relegué a un rincón las cosas por las que debería estar agradecida y que son valiosas. Considero mi presente como muy aburrido, y no paro de pensar en el pasado. Lo que en realidad me pasa es que soy incapaz de disfrutar del presente. Con mi anterior pareja me aburría porque llevaba mucho tiempo con él. Después de cortar con él he ido manteniendo el contacto de vez en cuando, pero me enteré de que ahora tiene pareja. No me sentó muy bien. Mientras organizaba mi correo vi los correos que me enviaba cuando estábamos juntos y me sentí nostálgica.

Psiquiatra: ¿Quieres volver con él?

Yo: No, no es eso; simplemente en ese momento me sentí nostálgica. Lo último que me dijo fue: «Me gustaría que pudieras disfrutar del presente. No es que el pasado no fuera valioso, y ciertamente no sé cómo es la persona con la que estás saliendo ahora. Sin embargo, creo que si das lo mejor de ti en el presente, con el tiempo también podrías sentir algo similar a lo que siento yo. Espero que seas feliz». Lloré mucho. Le dije que vale, que intentaría estar más saludable y disfrutar de mi presente. Pero cuando ocurrió el accidente y mi pareja vino corriendo para ver si estaba bien, al saber que no me había hecho daño, percibí que se alegraba genuinamente, y eso me conmovió. Me di cuenta de que yo era la única persona que perdía con mi mi manera de pensar, por lo que juré que sería más buena con él. Y como todo mi finiquito se ha ido en el desguace del coche, he decidido comprarme otro.

Psiquiatra: ¿Incluso has llegado a jurar algo? Ah, y aunque no te encuentres mal, creo que deberías ir al hospital.

Yo: Sí, iré.

Psiquiatra: Siempre has tenido la sensación de llevar la muerte contigo, como si fuera una sombra, y hasta hace poco deseabas morir. Pero ahora has pasado por un accidente en el que estuviste a punto de perder la vida. ¿Te sentiste aliviada de haber sobrevivido?

Yo: No sentí alivio en absoluto. De hecho, cuando tuve el accidente, en ningún momento pensé: «Menos mal que estoy viva». Cuando bajé y vi el coche, parecía que iba a ser desechado. Así que, antes de pensar que casi pierdo la vida, solo me dije: «Este es el coche de mi pareja. ¿Qué he hecho?». No le di importancia a mi vida; en realidad, pensé que hubiera sido mejor morir.

Psiquiatra: Incluso el tener esa preocupación es una prueba de que estás viva.

Yo: Ah, es verdad. De todas formas, sinceramente no sentí que fuera un alivio estar viva, solo sentí como si mi yo de ayer hubiera muerto y hubiera vuelto a nacer. Fue como un punto de inflexión. Aunque no sé cuánto me va a durar.

Psiquiatra: Dado que es una experiencia bastante significativa, quizás te ayude a reflexionar sobre ella. Eres alguien que tiende a pensar mucho. Como comentaste antes, cuando se materializaron esos pensamientos que tenías antes del accidente (que querías provocar un accidente, que deseabas que alguien chocara contra tu coche), sucedieron otras cosas. Puede que ahora no sientas dolor, pero más adelante podrías sentirlo.

Yo: Sí. Si me hago daño de nuevo en la cadera, lo pasaré realmente mal otra vez...

Psiquiatra: La semana pasada te cambié la medicación. Te la subí un poco. También te di medicación para los dolores de cabeza.

Yo: Sí, ya no tengo migrañas.

Psiquiatra: Toma el analgésico para el dolor de cabeza de vez en cuando. El otro medicamento, originalmente, se usa para el trastorno bipolar. El hecho de que tus emociones fluctúen de manera extrema podría ser un rasgo que tienes desde que naciste. Puedes compararlo con el hecho de que todos tenemos alguna zona más vulnerable en nuestro cuerpo. Parece que para ti es más complicado que para los demás manejar tus emociones. Por eso, decidí aumentar un poco la dosis del estabilizador del estado de ánimo.

Yo: Ah, tal vez es por eso que ayer no tuve grandes cambios de ánimo y estuve cómoda. Como hace mucho tiempo que no experimento una comodidad de ese tipo, me puse contenta. Me gustó mucho.

Psiquiatra: Puede ser que este accidente te acabe afectando bastante.

Yo: Sí. Y también tengo la sensación de haber solucionado algo.

Psiquiatra: Cuando pasamos de la estabilidad al aburrimiento, comenzamos a divagar en diferentes pensamientos. Como mencionaste, podemos recordar a nuestras exparejas o comparar el presente con el pasado. Sin embargo, si algo nos hiere o duele en alguna parte del cuerpo, nuestra atención se centra completamente allí. De alguna manera, puede que ayer, tras el accidente, no tuvieras la oportunidad de pensar en nada. Quizás fue una combinación de sentir culpa y estar en estado de shock.

Yo: Sí, tal vez tienes razón. Después del accidente tampoco he tenido ningún dolor de cabeza. Es como si no sintiera nada en todo el cuerpo.

Psiquiatra: Tal vez eso se debe simplemente a que ahora te encuentras bien. Después de un accidente podemos llegar a percibir las preocupaciones o molestias que teníamos antes como un lujo.

Yo: Sí. Creo que si me hubiera hecho daño, sentiría mucho eso que comentas.

Psiquiatra: Seguramente. Si hubiera sido grave, incluso podrías haber desarrollado una discapacidad física o mental. Hay muchas ocasiones en las que no se tiene suerte con estos accidentes. En esos casos, el dolor es mucho mayor. Incluso se puede llegar a querer morir por esas heridas.

Yo: Sí, sí. Todo lo que pensaba antes eran preocupaciones demasiado lujosas. Estoy muy agradecida de no haber resultado herida, y de las reacciones de las personas a mi alrededor.

Psiquiatra: Aun así, intenta prestar un poco de atención a tu cuerpo estos días.

Yo: Tengo que cuidarme.

Psiquiatra: En ocasiones anteriores has comentado que eres insensible al dolor. Debido a esa tendencia, pienso que deberías estar más atenta a tu cuerpo. Este es un momento crucial para que te observes detenidamente, sobre todo después del accidente.

Yo: Sí, estaré más atenta. Y cuando estaba tan mal, no paraba de pensar en Kang Daniel. En realidad creo que me imaginé una relación con él. Es decir, que quería salir con él. Me avergüenzo un poco de haber pensado eso, lo quería ocultar. Pero hay una novela que se titula *Dolor Fantasma*, y cuenta la historia de una fan que se enamora de un *idol.* Es una novela muy buena. Mientras la leía pensé que soy una persona que experimenta muchos tipos de amor: el homosexual, el asexual, el pansexual, el poliamoroso, etc. Y si existen todos estos tipos de amor, ¿por qué pensamos que el enamorarnos de un *idol* no es amor? ¿Y qué pasa si me gusta mucho un *idol*? Mientras que no me acerque a esa persona y provoque alguna incomodidad, no creo que pase nada. Pero mientras que me gustaba Kang Daniel, también experimentaba dolor. Me gusta mucho esta persona y lo apoyo viendo sus vídeos, escuchando su música, viendo los anuncios publicitarios que hace, pero pensé que esta persona ni siquiera sabe que existo, y me dolió mucho; fue peor que un amor no correspondido. En el caso de un amor no correspondido, al menos la otra persona es consciente de mi existencia, o al menos podría llegar a serlo. Pero esto es realmente amar a una existencia lejana; es un cariño verdaderamente imposible. Por eso estuve un poco deprimida.

Psiquiatra: Es tal y como has dicho; hay muchas formas de amar. Lo que has comentado también se puede presentar en otras formas. La religión es exactamente lo mismo; algunas personas pueden verla como algo problemático, pero los creyentes pueden sentir que tienen la oportunidad de alcanzar lo que desean sumergiéndose profundamente en su fe; pueden llegar a experimentar un deseo genuino y apasionado. Y aunque has comentado que estás triste, a través de ese interés por Kang Daniel pueden surgir otras cosas. Por ejemplo, al empezar a gustarte este artista, podrías establecer nuevas relaciones con otras personas. Todo esto también podría tener su propio significado, ¿no crees?

Yo: Sí, tienes razón. Creo que ya he dicho todo lo que quería.

Psiquiatra: De acuerdo. Intenta dormir bien y nos vemos la semana que viene.

Yo: Gracias. Que tengas un buen fin de semana.

12
Redescubrir lo obvio

En la vida realmente no se sabe nada. Es algo evidente, pero no se puede predecir el futuro, ni siquiera se puede saber lo que sucederá en un segundo. Es algo que temo y que me sorprende. Después de tener el accidente, no pensé que iba a morir y no le otorgué mucha importancia. Tuve el pensamiento inmaduro de que, ya que no era ni siquiera mi coche, tal vez hubiera sido mejor que muriera.

Pero sobreviví; no me hice ni un rasguño. Estaba tan intacta que parecía algo absurdo. Aunque había chocado con un camión de carga, aunque tuve que mandar el coche al desguace; yo estaba bien.

Experimentaba el día a día con una nueva sensación; la impresión de mis recuerdos brillaba con una luz nueva. Volví a ver con claridad todo lo que daba por sentado; no era porque hubiera sobrevivido, era porque no había muerto. Puede parecer algo contradictorio, pero sentí que aún no era mi momento para morir. Pensé que el hecho de que mi existencia aún tuviera algún propósito podría motivarme a buscar una influencia más positiva en mi vida.

13
Monólogos

El domingo era nuestro aniversario. Era un día feliz en el que íbamos a ver un musical y comer en un buen lugar. Quería mantener un buen humor durante todo el día, y mi pareja también lo deseaba. Si empiezo a encontrarme mal, las emociones negativas perduran toda la jornada.

Hace un tiempo leí varias opiniones negativas sobre mi libro, y decidí no leer más reseñas durante un tiempo. No estoy segura de por qué lo hice, pero tan pronto como me desperté esa mañana, abrí Twitter y busqué el título de mi libro. Afortunadamente, la mayoría de los comentarios eran positivos, y pensé que mi libro resonaba bien con la comunidad de Twitter. Sin embargo, seguí bajando y encontré la crítica más dura que había leído hasta ese momento. Decía algo así: «Me costó muchísimo leer este libro. Te pido que, en lugar de publicarlo, escribas lo que piensas en tu diario de *Hello Kitty*. Que este libro haya tenido ventas y haya generado ganancias es más que decepcionante, es realmente algo malévolo. Basura».

Psiquiatra: ¿Cómo estás?

Yo: Esta semana he estado bien.

Psiquiatra: ¿Qué es lo que te ha gustado de esta semana?

Yo: En general he estado bien, pero pasó algo. (Le explico lo de la reseña). Pero no quería arruinar ese día. Estuve a punto de decirle a mi pareja: «¡Rápido, consuélame!», pero primero salí afuera con mis perros. Y tengo un nuevo método: hablo conmigo misma. Mientras hablaba sola me decía: «Sehee, no eres ni Jesús ni Buda. ¿Acaso no te parecen aburridos algunos clásicos de la literatura? Entonces, ¿por qué crees que tu libro tendría que gustarle a todo el mundo?». Y después me contestaba: «No, es normal que haya gente que no le guste». Y entonces volvía a preguntar: «Y, ¿qué hay más? ¿Mensajes de personas a quienes les ha gustado tu libro o críticas negativas?». «Por lo que he visto, hay más personas a quienes les ha gustado el libro». «Sin embargo, ¿por qué restas importancia a los buenos comentarios y prestas tanta atención a las críticas? ¿No es eso una falta de respeto hacia quienes disfrutan de tu escritura? ¿No te has vuelto un poco arrogante?». A lo que respondía: «Ah, tienes razón». «Y piénsalo bien: si esa persona no hubiera comprado el libro directamente después de verlo en Twitter y se hubiera tomado el tiempo para ir a la librería y lo hubiera revisado un poco, habría podido saber si era el libro que quería o no. ¿No crees que es un poco injusto criticar algo así sin siquiera haber considerado verdaderamente si forma parte de los intereses de uno?». A lo que yo contesté: «Ah, es verdad. Es una persona un poco extraña. Dejaré de darle importancia». Después de hacer eso me sentí mucho mejor.

Psiquiatra: ¿Has oído hablar del libro ese?

Yo: ¿Cómo?

Psiquiatra: Ese libro que se titula *Psicodrama*.

Yo: ¿Yo? No.

Psiquiatra: Lo que comentas es similar a la técnica del psicodrama.

Yo: ¿En serio? ¿Realmente existe una terapia a través del diálogo con uno mismo? No es que haya mantenido esta conversación en silencio, simplemente pensándola; en verdad puse los pensamientos en palabras y conversé conmigo misma en voz alta. Por eso sentía que era verdaderamente una conversación, aunque estuviera hablando yo sola.

Psiquiatra: Cuando mantienes una conversación de este estilo contigo misma, puedes darte cuenta de aspectos en los que no habías reparado.

Yo: Sí, tienes razón. Es como si mi yo emocional y mi yo racional, la parte objetiva de mí y la parte que se deja llevar por las emociones, estuvieran manteniendo un diálogo. Se sentía como un partido de ping-pong, y hablar conmigo misma de esa manera me calmó. No es que fingiera estar bien, realmente me sentía mejor.

Mientras íbamos camino al musical, le conté a mi pareja cómo había logrado superar mis pensamientos negativos con este enfoque, y me dijo que le parecía asombroso, que él lo habría encontrado difícil. Me comentó que estaba muy contento por mí. Gracias a eso, ese día pude disfrutar de verdad. Y me vino otro pensamiento a la mente: últimamente muchos lectores me han estado enviando mensajes diciéndome que les ha gustado mi libro. Cuando recibí esos mensajes por primera vez, me emocioné mucho. No exagero al decir que ese libro lo escribí gracias a un comentario positivo que alguien dejó en mi blog; pero con el tiempo, esa gratitud se ha ido desdibujando. Es decir, sigo estando agradecida, pero ahora veo esos comentarios como algo más normal. Me di cuenta de esto mientras leía los mensajes y volví a sentir esa profunda gratitud.

Psiquiatra: Así que has vuelto a sentir esa gratitud, eso es muy bueno.

Yo: Sí. ¿Pero este método existe de verdad? ¿Es un método que se usa en terapia?

Psiquiatra: Se usa mucho. A veces se dramatiza y se usa en terapias de grupo, en las que otras personas pretenden hablar desde tu perspectiva. Pero al oírte hablar de tu método, parece que te respondes a ti misma. Antes has mencionado que cuando ves alguna reflexión en Twitter, piensas: «Tiene sentido, soy alguien que encaja bien en Twitter». Tal vez podrías ver a esa persona que criticó tu libro como alguien que no encaja tan bien en ese espacio, alguien que no termina de entender del todo a la comunidad. Y esa persona quizás escribió esa crítica con el único propósito de estar en desacuerdo con algo. Es posible que haya pensado que al dejar una reseña negativa sobre tu libro, se muestra como alguien perspicaz. (Esto parece más bien una racionalización de la situación).

Yo: Es verdad, no lo había pensado así. Salvo esto, no ha ocurrido nada más. Pero hay algo que quería preguntarte porque me genera curiosidad. Últimamente, varias personas me han estado preguntando sobre la terapia. En general, sienten curiosidad por un aspecto específico. Yo hago sesiones de treinta a cuarenta minutos contigo, pero muchos se preguntan si es común que un psiquiatra, en lugar de un psicólogo, ofrezca este tipo de sesiones.

Psiquiatra: No es algo habitual.

Yo: ¿De verdad? Entonces, ¿por qué lo haces conmigo?

Psiquiatra: Bueno, cuando viniste por primera vez, contaba con más tiempo de lo habitual. Si veo que un paciente necesita más tiempo para abordar ciertos temas, trato de ofrecérselo. Además, soy alguien a quien le resulta difícil interrumpir a la otra persona cuando está hablando.

Yo: Es verdad, nunca me has cortado.

Psiquiatra: No lo puedo hacer. Aunque cuando hay muchos pacientes, sí que intento interrumpir la conversación cuando es necesario.

Yo: Es verdad. Como las sesiones son de treinta minutos, yo también estoy pendiente del reloj e intento no pasarme del tiempo; también lo hago por el paciente que viene después de mí. (Aunque hay ocasiones en las que como el psiquiatra no me interrumpe, sigo hablando).

Psiquiatra: Cada paciente es único y enfrenta problemas que requieren soluciones específicas. En ocasiones, un paciente tarda una hora en llegar a la consulta, pero la sesión se acaba en apenas cinco minutos, ya que sienten ansiedad por que termine rápidamente. También depende de cuánto esté dispuesto el paciente a abrirse y ser sincero conmigo.

Yo: Imagino que hay personas que, aunque no logran encontrar el valor para hablar sinceramente sobre lo que les sucede, desean tener ese valor y vienen a terapia. Es decir, la terapia se desarrolla a través de un diálogo entre el paciente y el psiquiatra, en el que el paciente plantea preguntas y tú das respuestas. Pero, ¿cómo manejas la situación con aquellos pacientes que tienen dificultad para expresarse?

Psiquiatra: Si el paciente no tiene confianza en la terapia, no puedo ayudarlo. Por mucho que sus amigos y familiares lo hayan alentado a venir, si se sienta frente a mí y sigue insistiendo en que está bien, no hay nada que yo pueda hacer. En cuanto a los pacientes que guardan silencio, a veces es necesario esperar a que ese silencio termine, ya que también es una forma de comunicación. Aunque, claro, esto varía según la situación de cada persona. Además, hay ciertos temas que solo se pueden abordar cuando hay una relación de confianza entre el psiquiatra y el paciente, y otros que resultan muy difíciles de tratar.

Yo: Entonces, ¿hay pacientes que se van después de decir una o dos palabras?

Psiquiatra: Algunos hay.

Yo: ¿Y hay pacientes que empiezan a hablar solo después de formar un vínculo de confianza contigo?

Psiquiatra: Sí, hay algunos pacientes así. Luego están aquellos que prefieren recibir la medicación y marcharse. También hay quienes hablan mucho. Hay tanta diversidad de casos que resulta complicado hacer generalizaciones.

Yo: ¿Y los pacientes te llaman antes de venir para saber si la sesión va a durar diez o treinta minutos?

Psiquiatra: Aunque llamen para preguntar eso, es muy difícil predecir la duración exacta de una sesión. En las sesiones más largas, es probable que se aborden temas de la infancia, lo cual puede ser complicado; esto solo es viable si el paciente está preparado para afrontar lo que se discuta. Lo fundamental es hablar solo de aquello que el paciente pueda manejar. Por ejemplo, si el psiquiatra comienza el tratamiento demasiado pronto y el paciente no está preparado para enfrentarlo, podría ser un golpe muy fuerte, sobre todo si está experimentando un gran sufrimiento debido a los síntomas que padece.

Yo: Entonces, ¿tú intentas reconocer cuándo un paciente está preparado?

Psiquiatra: Sí. Aunque no puedo estar completamente seguro de que lo que he notado sea algo que el paciente sea capaz de manejar. De cualquier manera, es complicado predecir la duración de una sesión, aunque siempre puedes llamar para preguntar cuánto tiempo tomará la primera consulta. (Eso es a lo que me refería desde el principio...).

Yo: De acuerdo, gracias.

14
La dimensión del dolor es algo totalmente relativo

Me impactó la noción de que el silencio puede formar parte del proceso terapéutico. Con tantas personas que padecen depresión, me pregunto cuántas de ellas realmente buscarán apoyo.

Algunas personas que han leído mi libro me han comentado que doy la impresión de ser alguien frágil, que exagera demasiado. Y cuando yo misma caigo en ese tipo de pensamientos, hay un libro que me brinda consuelo: *El hombre en busca de sentido* de Viktor Frankl, una obra escrita por un superviviente del campo de concentración nazi de Auschwitz. Al principio, leerlo me resultó muy duro. Me costaba entender cómo alguien que había vivido experiencias tan dolorosas e inimaginables podía encontrar la fuerza para seguir adelante, mientras yo me ahogaba en mis propios conflictos. Sin embargo, hubo una reflexión en particular que cambió mi forma de pensar: «El sufrimiento humano es como un cuerpo gaseoso. Si una cantidad determinada de gas entra en una habitación, no importa lo grande que sea esa habitación, toda ella queda impregnada de gas. El sufrimiento humano es igual. No importa la magnitud del dolor, acapara con nuestra alma y nuestra consciencia. La dimensión del dolor es algo totalmente relativo».

Desde que leí estas palabras, dejé de comparar mi dolor con el de los demás. Fue esta decisión la que me impulsó a buscar ayuda profesional. Es difícil romper el hábito, pero medir nuestro sufrimiento con los estándares de la sociedad y de otras personas es peligroso y dañino. Mi único deseo ahora es observar mi propia oscuridad, sin juzgarla ni compararla. Quiero sumergirme en ella y dialogar con mis sombras, para así encontrar un consuelo verdadero.

15
Extender el término medio

Psiquiatra: ¿Cómo estás?

Yo: Un poco mejor. Estuve muy mal durante dos días, pero me recuperé enseguida.

Psiquiatra: ¿Qué te pasó esos dos días?

Yo: No hay una razón específica. Me hicieron una entrevista para la prensa, y como el periodista se desplazó hasta Paju para hablar conmigo, me sentí agradecida y fui a verlo con entusiasmo. Por teléfono parecía más joven, pero cuando lo vi, me di cuenta de que era un hombre de mediana edad, lo cual me sorprendió un poco. Hasta ese momento, solo me habían entrevistado mujeres periodistas que habían conectado bien con mi libro, y esas entrevistas generalmente salían muy bien. El 80% de mis lectores son mujeres de entre veinte y treinta años, y aunque puede que sea un prejuicio, creo que a los hombres, especialmente a los de mediana edad, les puede costar más empatizar con mi trabajo. Al final, descubrí que mis prejuicios tenían fundamento.

Psiquiatra: ¿A qué te refieres con que tus prejuicios tenían fundamento?

Yo: Ah… no lo sé. Quizás se deba a que no he interactuado con muchas personas a lo largo de mi vida, pero a veces, incluso cuando alguien es educado, siento una especie de incompatibilidad. Es difícil de describir, pero aunque la otra persona use un tono respetuoso, percibo de manera sutil que, de algún modo, me está faltando al respeto. Fue la primera vez que conocía a alguien así, lo que me dejó algo desconcertada. «¿Es esta su manera para mostrar respeto? ¿O tal vez es simplemente su personalidad?». Como soy una persona sensible que suele dudar de sí misma, pensé que quizás ese día estaba un poco más susceptible, así que traté de no dejarme influenciar por el periodista y simplemente respondí a sus preguntas de manera educada y tranquila.

Cuando volví a casa hablé sobre la entrevista con un amigo, y cuando exteriorizas algo de alguna manera te lo vuelves a plantear. Le mencioné que algunas preguntas me habían parecido un poco exageradas, pero que probablemente me había sentido así porque estaba demasiado sensible. Esperaba que me respondiera algo como: «Bueno, parece que fue una entrevista normal». Sin embargo, para mi sorpresa, mi amigo se enfadó y me dijo que el periodista ya tenía una opinión negativa sobre mi trabajo desde un principio. Añadió que si él hubiera estado en mi lugar, no habría podido aguantar hasta el final, y que me admiraba mucho por cómo había manejado la situación. Me dijo que había sido muy madura y que había hecho bien al mantenerme educada. Sin embargo, en el momento en que me dijo todo eso, empecé a notar cómo mi mente comenzaba a dar demasiadas vueltas. Era todo un poco ambiguo, pero en ningún momento se me ocurrió que el periodista era una persona desagradable. «Ah... de nuevo no he podido darme cuenta de todo esto porque soy tonta. El periodista ha sido desagradable conmigo pero como yo soy tonta no me he dado cuenta y he estado todo el tiempo siendo amable con él». Mi amigo estaba desconcertado. Intentó hacerme un cumplido, pero yo lo transformé en algo negativo, sintiéndolo como una muestra de desprecio hacia mí misma. Él lo intentó arreglar diciéndome que no era eso a lo que se refería, pero mis pensamientos ya se habían inclinado demasiado hacia esa posibilidad. Mis pensamientos suelen ser bastante extremos, así que cuando encuentro a alguien que me parece extraño, en lugar de simplemente pensar: «Esta persona es rara», concluyo que «todo el mundo es raro». Esa noche, mientras lloraba, me convencí de que todas las personas en el mundo son extrañas y decidí que no quería volver a conocer ni ver a nadie más. Me quedé dormida entre sollozos, abrazada a mis perros, prometiéndome a mí misma que no volvería a salir de casa.

Al día siguiente, sentía cómo mi cuerpo seguía contaminado por la rabia que sentía hacia el periodista. Pero me envió un mensaje. Ni siquiera me saludaba, simplemente decía: «Tiene hasta el fin de semana para enviarme cuatro o cinco fotos». Yo no respondí a lo que me comentaba y le pregunté: «¿Cuándo me va a enviar el borrador del artículo?». Pero de repente me llamó, y tan pronto como cogí el teléfono me dijo: «¿Yo en qué momento he dicho que le enviaré un borrador?». Suspiró y continuó: «He sido periodista durante veinte años, y nunca he enviado un borrador, ni siquiera cuando he hecho entrevistas a presidentes. Enviar un borrador sería como pedirle que evalúe mi trabajo». Después me dijo que una persona que tenía tanta experiencia en el mundo editorial ya tendría que saber esto. Estaba muy molesta, pero me aferré a las fuerzas que me quedaban para mantener mi compostura y le dije que sentía que estaba siendo desagradable conmigo, y que prefería que no acabara de escribir la entrevista. Él me dijo: «¿Cree usted que a mí me apetece escribir esta entrevista?». Le contesté que como a ninguno de los dos nos apetecía, era mejor que no siguiéramos adelante, y le colgué el teléfono. Malgasté toda mi energía en esa conversación, y me puse a llorar tan pronto como colgué. Me sentía muy despreciada. Mi editor se encargó de todo, habló con el periodista por teléfono. No dejaba de darle vueltas a la idea de que me había despreciado por ser una mujer joven, y ese pensamiento me atormentaba tanto que, a pesar de ser de día, tomé unas pastillas para dormir y pasé el resto del día dormida.

Psiquiatra: ¿Te tomaste la medicación de la noche?

Yo: Sí. Me tomé una pastilla para dormir durante el día, después por la noche tomé mi medicación e iba a tomarme otra pastilla para dormir, pero estaba muy cansada así que simplemente me acosté. Tuve todo tipo de pesadillas. Pero aunque tenga muchas pesadillas, siempre hay una recurrente. Sueño que no puedo decir algo que deseo expresar delante de una persona, y me torturo a mí misma por eso. En el sueño siento mucha frustración.

Psiquiatra: Pero dijiste todo lo que querías decir, entonces, ¿por qué crees que tienes esta pesadilla?

Yo: Si lo pienso bien, me alegra el haber podido decir todo lo que quise. No sé cómo explicarlo. Dije todo lo que quería, pero mientras lo decía estaba muy nerviosa, y el periodista me intimidaba bastante así que me sentía un poco acobardada. Si hubiéramos hablado cara a cara, creo que no hubiera sido capaz de decir ni una palabra.

Psiquiatra: Si solo nos fijamos en lo que has comentado sobre esta periodista, podemos deducir que durante los veinte años de su carrera ha estado tratando a las personas de esa forma. Por ejemplo, eso que has comentado sobre cómo nunca envía un borrador de la entrevista al entrevistado. Lo que hiciste fue lo correcto, algo muy distinto a la imagen que tienes de ti misma en tu sueño. La versión de Sehee en ese sueño no es más que una percepción que tienes de ti misma. No está mal que, tras la conversación con tu amigo, te preguntaras: «¿Por qué no fui capaz de ver lo que realmente estaba ocurriendo y en su lugar asumí que no había ningún problema? ¿Por qué soy así?». Sin embargo, la realidad es que muchas personas se esfuerzan por comportarse tal como lo hiciste tú en esa entrevista. Cuando estamos inmersos en la sociedad, tendemos más a adoptar la mentalidad de «aunque me cueste, debo aguantar» en lugar de simplemente hacer lo que queremos porque podemos. Muchas personas prefieren evitar los conflictos en su vida cotidiana.

Yo: Ah, ¿te refieres a que la verdadera dificultad surge cuando no es posible reaccionar como lo hice yo?

Psiquiatra: Exactamente. Si lo piensas desde la perspectiva de alguien que tiene poder, la posesión de ese poder les da la posibilidad de actuar como quieran, incluso dañando a los demás, ¿no crees? Pero aquellas personas que abusan de su poder reciben una crítica general de la sociedad. Y tú no te quieres convertir en alguien así, ¿verdad?

Yo: No, odiaría ser así.

Psiquiatra: Cuando una persona de este tipo ha intentado hacerte sentir despreciada, tú has podido mantener la compostura. Tampoco es que pretendieras tener una relación personal con este periodista, tú simplemente intentaste que en los términos laborales las cosas salieran bien; sin embargo, te castigas a ti misma por no haber tenido una respuesta más emocional ante esa situación (por no haber podido mostrar mi rabia), por no haber podido tirar la toalla en medio de la conversación. ¿Crees que esto es justo hacia ti misma?

Yo: Ah, tienes razón. Justo ahora me doy cuenta de que estoy mejorando, porque he podido comprender lo que me has dicho. He estado pensando en por qué soy como soy. Pero honestamente, abusar de mi poder y ser condenada por la sociedad... no es exactamente lo que quiero. Aun así, aunque no sea cierto, sigo repitiéndome: «Soy incapaz de expresar mis emociones, soy una fracasada». Es decir, aunque reconozco que ya no soy la persona que era antes, sigo proyectando esa versión negativa de mí misma en el presente: «¡Aún eres esa persona!». Eso me lleva a sentir envidia de quienes no tienen control sobre sus emociones y actúan impulsivamente; desearía poder ser como ellos. Aunque sé que la mayoría de las personas preferiría lo contrario a lo que yo anhelo...

Psiquiatra: Es posible que, en el fondo, tú también desees lo contrario a lo que crees.

Yo: ¿De verdad? Entonces, ¿por qué sigo teniendo estos pensamientos?

Psiquiatra: Cuando te habitúas a ver el mundo de forma extrema, resulta difícil notar los matices; te enfocas en los extremos y pasas por alto lo que está en el medio. Dicen que la juventud está llena de obstáculos, pero la vida en general también lo está. Sin embargo, con el tiempo y la experiencia, empiezas a notar que hay un punto intermedio y dejas de ver las cosas solo en términos absolutos. (¿Cuándo seré capaz de encontrar ese equilibrio?). Lo esencial es que encuentres tu propio camino. En este momento, piensas en términos absolutos: «Debo hacer esto, debo actuar de esta manera», pero con el tiempo, puede ser que cambies tu perspectiva a algo más flexible: «Puedo entender ambas posiciones, pero esto es lo que me va mejor». Me pregunto si quizás ya has empezado a caminar en esa dirección. Si en el futuro te cruzas de nuevo con un periodista desagradable, serás capaz de pensar tranquilamente: «Qué persona tan desagradable». Creo que has manejado la situación de manera excelente.

Yo: Entonces, como pienso en extremos tiendo a idealizar a aquellas personas que expresan su ira sin contenerse. ¿Es esto lo que quieres decir?

Psiquiatra: Exactamente. Los admiras porque es algo que tú no sueles hacer. Pero si en algún momento permitieras que tu ira estallara, lo más probable es que te sintieras culpable después y pensaras: «¿Por qué reaccioné de una forma tan exagerada?».

Yo: Ah… tienes razón. Tuve una experiencia similar a lo que comentas. Como nuestras casas están en la misma dirección, mi pareja, su amigo y yo fuimos juntos en un coche. El amigo es un hombre alto y de constitución grande; y se tiende a irritar fácilmente. No es mala persona, pero si se enfada puede ser un poco impulsivo. En la carretera hubo un conductor que conducía de una forma un poco agresiva pero dirigió toda su ira hacia nosotros y nos gritó. Mi pareja estaba un poco enfadada, así que para darle miedo pisó el pedal de freno. Entonces el conductor del otro coche pegó su coche al nuestro y a través de la ventana comenzó a gritar y a insultarnos. Mi pareja luego me dijo que en ese momento se arrepintió de haber pisado el pedal de freno; me dijo que no iba solo en el coche, y que se había sentido mal por mi y por su amigo. Pero su amigo se enfadó muchísimo. De repente bajó del todo la ventana y comenzó a gritar: «¿Qué te pasa?, ¡hijo de puta! ¡Eres un hijo de puta!». Yo me sorprendí. De camino a casa él también pareció arrepentirse, y no paró de disculparse durante todo el trayecto. Dijo que no le gustaba esa parte de sí mismo.

Pero yo le tenía envidia. Si fuera un hombre de constitución grande como él, yo también podría comportarme de esa forma... Me preguntaba si él mismo era consciente de que era capaz de comportarse como se comportaba gracias a que poseía un cierto grado de fuerza física. A mis veintipocos años mi personalidad era aún más extrema que ahora, odiaba que se me despreciara por mi edad, así que solía reaccionar de forma exagerada con los hombres. De hecho, una vez, en una discusión en un bar, un hombre llegó a golpearme. Terminé con la cara llena de moretones. Esa experiencia me asustó, y a partir de entonces comencé a controlarme más. En ese momento, me pregunté: «Si yo hubiera estado sentada en el asiento del pasajero y hubiera gritado al conductor, como lo hizo el amigo de mi pareja, ¿él me habría perseguido? ¿Me habría hecho daño? O, dado que en el coche había otras personas, incluida una figura masculina de constitución grande, ¿simplemente nos habría insultado y seguido su camino?». Sé que no es correcto pensar así, lo sé, pero aún así, sigo pensando cosas como: «Yo no puedo hacer eso. Los hombres tienen más poder por naturaleza, porque tienen más fuerza física». Aunque soy consciente de esto, no puedo evitar sentir que también me gustaría comportarme como ellos. Deseo vivir como ellos lo hacen.

Psiquiatra: Creo que desear comportarte como lo hizo el amigo de tu pareja es un deseo bastante común. Cuando estás conduciendo y alguien te hace enfadar, el primer instinto es reaccionar de forma agresiva, pero siempre hay la moderación que viene de nuestro pensamiento racional. Se piensan cosas como cuántas personas hay en el lado contrario, si hay alguno que lleva algún tatuaje... No sé si has visto que ahora hay mangas que te pones en los brazos para aparentar que tienes tatuajes. (No sé por qué me dice esto). Tendemos a hacer cálculos así antes de actuar.

Yo: Estar rodeada de hombres así me pone nerviosa. Pero siento ese temor como algo cobarde y estúpido. Es como si me dijera a mí misma: «¡Ni siquiera te atreves a decir nada porque estás demasiado asustada!».

Psiquiatra: Es algo muy natural sentirse así. Es evidente que todo el mundo desea ser más fuerte y tener más poder, pero eso no siempre se manifiesta a través de la violencia. Tal vez en este momento, si viviéramos en una sociedad sin reglas, tomarías un arma y empezarías a disparar (me echo a reír), pero como eres una persona racional, no lo haces. Piensas: «¿Y si la otra persona me denuncia? ¿Y si salgo herida?» y así es como racionalizamos las situaciones. He visto muchos pacientes que no pueden controlarse y recurren a la violencia, especialmente cuando el alcohol está involucrado. En otro contexto, por ejemplo, si vieras a alguien que te parece atractivo en la calle, podrías desear conocer a esa persona, tocarle la mano o besarle, pero controlas esos impulsos. No te castigues por los deseos que surgen de manera natural, simplemente acéptalos. Es un proceso saludable, porque no estás reprimiendo tu ira o negándola, sino que la reconoces y sigues adelante sin dejar que te consuma, incluso si sientes una gran frustración hacia la otra persona.

Yo: Tienes razón. Creo que me castigo demasiado por tenerle miedo a alguien o sentirme intimidada.

Psiquiatra: El deseo no siempre está relacionado con el miedo. A veces, y relacionándolo con lo que has comentado antes, el anhelo de tener más fuerza y poder puede llevarte a reflexionar sobre los derechos de las mujeres o de aquellos grupos que históricamente han sido considerados los más débiles de la sociedad. En lugar de ser solo un impulso, esos deseos pueden orientarte en una dirección diferente. Incluso pueden convertirse en una fuente de motivación.

Yo: Ya veo. Ojalá pudiera pensar en todo esto de una forma tan sensata.

Psiquiatra: Creo que tu forma de pensar ahora mismo es bastante sana. Y a través de los sueños, todos tus deseos se pueden ver realizados. Aunque trasladar eso al mundo real se convertiría en un problema.

Yo: ¿Pero soñar cosas así no significa que tengo algún problema?

Psiquiatra: Al contrario, es más bien un indicador de que estás bien.

Yo: Ah… yo siempre he pensado que mi subconsciente es basura…

Psiquiatra: Hay algunas cosas que solo se pueden hacer en sueños. En la vida real, en lugar de realizar esas acciones, también se pueden plasmar en escritos. Hay varias maneras de expresar esos deseos. Me gustaría que reflexionaras sobre tu encuentro con el periodista y sobre el hecho de que no lo consideraras una mala persona, como una señal de tu capacidad para empatizar. Podrías pensar algo como: «Oh, de modo que puedo tratar con personas así…».

Yo: Me encantaría poder pensar así. En realidad, eso fue exactamente lo que pasó. Y tal vez es por eso que durante la entrevista no me sentía tan mal, fue después, cuando hablé con mi amigo, cuando comencé a pensar de forma tan negativa. Sin embargo, puede que esto sea algo positivo; tal vez significa que ahora tengo la capacidad para enfrentar situaciones así. Aparte de eso, he estado bien. Hoy he salido a caminar y, mientras disfrutaba del sol, he tenido una pequeña conversación conmigo misma que me ha tranquilizado. Me repetía una y otra vez que en realidad han ocurrido muchas cosas buenas en las últimas dos semanas. No entendía por qué me estaba castigando tanto por lo del periodista y, al mismo tiempo, era incapaz de reconocer todo lo bueno que me había pasado.

Psiquiatra: Me alegra que hayas podido pensar de esta manera. Respecto a cómo te ha afectado esta situación, me gustaría que lo vieras de este modo: hay una gran diferencia entre tomar pastillas para dormir solo para descansar y tomarlas con la intención de acabar con todo. Al final, decidiste que esta situación no era lo suficientemente grave como para querer morir por ello. En otro momento, quizás el estrés habría sido suficiente para que desearas rendirte, pero ahora parece que te dices: «He trabajado demasiado para llegar hasta aquí, ¿voy a dejar que alguien así me haga caer? Ni hablar», y has optado por descansar y tranquilizarte. Si lo piensas así, es fácil notar el avance que has logrado.

Yo: Tienes razón. En lugar de querer morir por culpa del periodista, seguramente hubiera deseado morir por el odio que me tengo a mí misma. Sí, seguramente hubiera querido morir. Pero como en esta situación no he pensado de esa manera, verdaderamente tengo la sensación de estar mejor.

Psiquiatra: Me alegro. Ciertamente estás mejor.

16
Estoy mejorando

Ha sido una semana difícil, pero creo que estoy mejorando. Ahora puedo controlar mis sentimientos, y mi capacidad de resiliencia está creciendo cada vez más, también soy capaz de racionalizar lo que me pasa. Todo lo que me hace sentir vulnerable (las personas que son hostiles conmigo, las que me intimidan) aún tiene el poder de derrumbarme fácilmente, pero si lo comparo con el pasado, ahora me recupero mucho más rápido.

El hecho de que no quiera morir por personas así ya es significativo; antes no solo habría sentido odio por ellas, sino que también me habría odiado por haber sido una víctima. Mi amigo me dijo que temía que de nuevo cayera en mi tendencia de odiarme a mí misma; me comentó que se alegró de ver cómo me recuperaba fácilmente.

Ahora sé cómo dirigir la flecha a la persona que la lanza, sé cómo culpar al culpable. Soy capaz de pensar: «No voy a dejar que alguien como tú me derrumbe». Puedo reconocer que mi vida y mi existencia están lejos de ser insignificantes. Ahora entiendo que no debo autocensurarme, sino analizarme desde una perspectiva externa, con racionalidad y con una actitud generosa.

Realmente, me siento mucho mejor. Me alegra no volver a caer en los mismos patrones una y otra vez, como lo hice en el primer libro.

17
Nadie ha vivido mi vida

Hace poco, fui a ver a un astrólogo. En realidad, no creo en la adivinación del Saju o del Tarot. No creo en ello porque una vez fui a una cafetería de tarot con una amiga mía cuando estaba en una época un tanto difícil para mí, faltaba poco para los exámenes de admisión a la universidad. La señora que me leyó las cartas me preguntó acerca de mi situación y me dijo: «Nunca podrás entrar a la universidad que quieres». No entendí cómo se puede usar con tanta confianza la palabra «nunca». El hecho de que acabara entrando a la universidad que quería me enfureció aún más.

El año pasado, por recomendación de una amiga, visité a un astrólogo. En algunas cosas acertó, en otras no, pero como el futuro aún no se había desvelado, terminé olvidando lo que dijo. Sin embargo, ese invierno encontré algunas notas de aquella sesión y, al reflexionar sobre ellas, me di cuenta de que había acertado algunas cosas. Es por eso que este verano volví con mi pareja.

A mí me dijo algo similar a lo del año pasado, pero describió a mi pareja como alguien sumamente inteligente y con gran talento para la oratoria. Mi hermana mayor me pidió que le preguntara por ella, y el astrólogo la describió como una mujer fatal muy lista. Ambos tuvieron una lectura de cartas mucho más favorable que la mía. Terminé preguntando quién era más inteligente, si mi pareja o yo, y cuando me dijo que mi pareja, me molestó.

En realidad, siempre he pensado que no soy muy inteligente. Les tengo envidia a las personas listas: aquellas capaces de entender con rapidez, de interpretar las situaciones con astucia, de las capaces de encontrar soluciones para todo. Aunque no soy alguien que crea en estas cosas, me sorprendí a mí misma dejándome llevar y cautivar por el astrólogo. El pensamiento de que era una persona fácilmente influenciable, sin raíces firmes, me causó dolor.

Psiquiatra: ¿Cómo estás?

Yo: No muy bien.

Psiquiatra: ¿Ha pasado algo?

Yo: Sí. Últimamente soy menos influenciable que antes, pero aun así fui a ver a un astrólogo. El año pasado también fui y acertó muchas cosas. Así que ayer, que cumplía un año de la última vez que fui, volví con mi pareja.

Psiquiatra: ¿Y cómo funciona todo esto?

Yo: Se interpreta la hora de nacimiento, el lugar y la fecha. La última vez que fui, acertó en muchas cosas, y terminé creyendo en ello sin cuestionarlo. Ahora incluso se puede hacer desde casa con un programa. Describió la personalidad y el carácter de mi pareja con total precisión. A mi pareja no se le da muy bien escuchar a los demás, y tiene las cartas de un rey, de un león, de un líder. Odia perder, y siempre acaba todo lo que empieza. En resumen: tiene un muy buen carácter. Dijo que tiene la personalidad de un profesor y yo de un alumno. Estoy un poco de acuerdo con esto, es fácil estar con él. Yo siempre he sentido un poco de odio hacia los hombres, así que tiendo a intentar controlarlos, haciendo que hagan lo que yo quiera. (Parece que esté loca). Al principio también era así con él, pero poco a poco he ido tratándolo mejor. Ahora lo respeto, así que nuestra relación es mucho más estable.

Y yo siempre me siento atraída por este tipo de persona, por líderes carismáticos; he pensado que tal vez es porque yo no tengo esa cualidad. Personas fuertes, llenas de confianza, elocuentes. Pero mi hermana me pidió que también le leyera las cartas, y el astrólogo dijo que era muy inteligente. Pero recuerdo que a mí también me dijo que soy inteligente. Entonces le pregunté quién era más inteligente de nosotros tres, y me dijo que mi hermana mayor. De modo que le pregunté: «¿Y entre mi pareja y yo?», a lo que me contestó: «Por supuesto que es tu pareja». Me molestó un poco, creo que hirió mi orgullo.

Psiquiatra: ¿Que hirió tu orgullo?

Yo: Sí, hirió mi orgullo. Creo que es porque yo misma pienso que no soy muy inteligente. Es algo que siempre he pensado. Pero mi pareja quería que le leyeran sus cartas simplemente por diversión, y no le atribuía ningún significado, mientras que yo estaba volviéndome loca por los resultados. Le conté a mi amiga que el astrólogo había dicho que yo era la menos inteligente de los tres, y ella respondió: «Bueno, tampoco es que seas tan brillante, jaja». Ese comentario me molestó mucho, así que se lo mencioné a mi pareja, quien respondió: «Debe pensar que ella es muy lista». Aun así, seguía sintiéndome mal, por lo que intenté razonar conmigo misma otra vez. Me recordé que era normal sentirme así, pero que no debía permitir que sus palabras me afectaran y acabar pensando que no soy inteligente; la que estaba siendo desagradable era ella. Hablar conmigo misma me ayudó a sentirme un poco mejor, y además, no estaba en una posición para reaccionar de una forma exagerada y gritar: «¿Quién crees que eres para juzgar mi inteligencia?»; así que no dije nada. Pero me sigue intrigando por qué no fui capaz de mostrar mi enojo en ese momento. ¿Por qué dudé de mi inteligencia? Es algo en lo que sigo pensando.

Psiquiatra: ¿Y qué hubiera pasado si el astrólogo te hubiera dicho que eres la más inteligente de los tres?

Yo: Entonces me hubiera gustado.

Psiquiatra: ¿Simplemente te hubiera gustado? ¿No hubieras confiado ciegamente en esa persona?

Yo: ¿Qué quieres decir?

Psiquiatra: El astrólogo en ningún momento te sometió a un test de inteligencia. Simplemente tomó en consideración la hora y el lugar de nacimiento.

Yo: Ya, pero estaba enfadada con mi amiga por decir que tampoco soy tan inteligente. No sé por qué piensa eso de mí.

Psiquiatra: ¿Crees que el astrólogo pensó mucho en lo que decía? Puede ser que haya observado tu interés en saber quién era la persona más inteligente, y haya intentado bromear diciendo que la persona sentada a tu lado es más inteligente que tú.

Yo: ¿Eso no es un intento de tergiversar las cosas para hacerme sentir mejor?

Psiquiatra: No creo que este incidente merezca una discusión sobre la credibilidad, pero pongamos un ejemplo:

digamos que unos trillizos van a ver al astrólogo. Deberían tener exactamente la misma inteligencia y fortuna, ¿pero verdaderamente crees que será así?

Yo: Pero escuchar decir que alguien es inteligente y otro es tonto, en general, no resulta muy agradable.

Psiquiatra: Se lo preguntaste tú misma.

Yo: Solo le pregunté por qué a mí me dijo que tenía tendencia a ser inteligente pero a mi pareja y a mi hermana les dijo que eran muy inteligentes. (¿Por qué estoy siendo tan directa?)

Psiquiatra: De todos formas, el cómo se juzga la inteligencia es algo muy ambiguo. Se puede juzgar a través del coeficiente intelectual, o también a través de lo rápido que es alguien en interpretar ciertas situaciones. Cuando fuiste al astrólogo, ya llevabas contigo la actitud de: «Confío en usted plenamente», y eso te puso en una posición vulnerable desde el inicio. Es probable que el astrólogo pensara que, dijera lo que dijera, tú lo aceptarías sin cuestionarlo.

Yo: Ah... Mi pareja también bromeó. Me dijo que estaba confiando ciegamente en el astrólogo, «para ti es prácticamente como un mesías». Como este tipo de cosas no lo afectan mucho, incluso comentó que el astrólogo le parecía un poco lamentable. Cuando comentó que mi pareja es inteligente, elocuente y profesor, añadió que debía ser difícil para él enseñar a niños que no son tan rápidos o son menos inteligentes. Pero mi pareja no piensa así en absoluto. Él comentó que el astrólogo parecía creer que las personas deben vivir exactamente como están predestinadas, mientras que él cree que cada uno tiene su propio proceso y toma sus propias decisiones. Le dio pena ver una forma de pensar tan limitada.

Psiquiatra: ¿Crees que tu pareja solo se refería al astrólogo?

Yo: ¿Quieres decir que también estaba hablando de mí?

Psiquiatra: ¿Tal vez un poco? Parece intentar decirte que te lo tomes con humor. Ya sabes cómo tienden a ser estas cosas; defienden que cada uno tiene su destino y el esfuerzo particular no tiene ningún tipo de mérito.

Yo: Es un poco gracioso que le preste tanta atención a estas cosas, ¿no crees?

Psiquiatra: No está mal que te sientas bien cuando escuchas algo que te gusta, pero sería útil que lo tomes como una opinión más, solo una entre muchas. Déjame contarte una historia basada en mi experiencia. Tenía una amiga a quien le gustaba mucho que le leyeran las cartas; era alguien con mucho orgullo. Lo curioso del Saju es que los resultados son siempre los mismos, sin importar quién interprete tus datos de nacimiento. Aun así, ella siempre se sentía feliz porque todos los astrólogos le decían que tenía una gran fortuna. Perdimos el contacto durante un tiempo, pero cuando volvimos a hablar, me contó que sus padres le habían mentido sobre la fecha y hora de su nacimiento, eligiendo una que le asegurara buena fortuna en el Saju. Había consultado a cientos de astrólogos, pero todo era falso. ¿Qué sentido tienen entonces las incontables veces que le dijeron que tendría gran fortuna? Y lo más curioso es que, sin importar cuán reconocidos fueran los astrólogos que visitó, ninguno notó que esa no era su verdadera fecha de nacimiento. Esto parece un claro caso de sugestionabilidad. Las personas más sugestionables tienden a centrarse en lo que consideran más importante. Pero también hay que reconocer el valor del esfuerzo personal, ¿no crees? Por ejemplo, tú alivias tus preocupaciones a través de conversar contigo misma. Me gustaría que prestaras más atención a eso. Tal vez deberías darle más importancia a ese esfuerzo que a tu fecha y lugar de nacimiento.

Yo: ¿Y por qué me importa tanto lo que piensa mi amiga?

Psiquiatra: Quizás tu amiga quería decir otra cosa. Puede ser que simplemente haya intentado hacer una broma.

Yo: Me lo tomé como si pensara que soy tonta; lo sentí así. Y después de mucho tiempo, volví a castigarme a mí misma. Me vi como alguien frágil, inestable, que se tambalea fácilmente. Sentí rechazo hacia mí misma, especialmente cuando, tras visitar al astrólogo, empecé a tenerle miedo a mi pareja. Hasta entonces lo había visto como mi igual, pero de pronto sentí que él era fuerte y yo débil…

Psiquiatra: Creo que le has dado demasiado poder al astrólogo; el poder de juzgarte. Tú tienes mucha más autoridad para juzgarte a ti misma, y sin lugar a dudas has pasado mucho más tiempo que el astrólogo con tu pareja. Incluso si el astrólogo nunca hubiera conocido a tu pareja, ya tendría un juicio de él basado en su fecha de nacimiento.

Yo: Ya, he pasado muchísimo tiempo con mi pareja. No entiendo por qué todo lo que pienso sobre mí misma se tambalea por un pequeño comentario de un astrólogo. Eso me enfureció. Mi pareja no le dio ninguna importancia, pero yo no podía dejar de darle vueltas... ¿por qué me afectaba tanto? Es bastante ridículo que alguien que nunca se ha interesado en la astrología de repente se obsesione de esa manera. (Bastante patético).

Psiquiatra: Creo que estaría bien que reflexionaras sobre todo aquello que has conseguido gracias a tu esfuerzo.

Yo: Sí. Pero yo soy una persona que quiere ser más fuerte. Es decir que siempre he querido una lectura Saju como la de mi pareja o la de mi hermana. Quiero convertirme en un rey, en un líder; quiero convertirme en eso precisamente porque no tengo esas cualidades. Y me siento atraída hacia personas fuertes porque yo no soy fuerte. Odio no ser ese tipo de persona, pienso que soy débil, así que aunque no sea fuerte, pretendo que lo soy.

Psiquiatra: Pienso que todos queremos ser un poco más fuertes de lo que somos. Es natural tener el deseo de ser una persona más completa, más perfecta. Pero para conseguir estos objetivos tal vez deberías considerar métodos un poco más científicos y racionales. Trata de confiar en tu propia experiencia.

18

El deseo de demostrar mi valor

Hay personas que me hacen sentir miserable. Por ejemplo, aquellas que solo hablan de sí mismas y consumen toda mi energía mientras lo hacen, o las que se centran solo en ellas mismas, haciéndome sentir lastimada. (Sé que yo también puedo haber sido esta persona para alguien, aunque espero sinceramente no haberlo sido). En el momento me irrita un poco, pero lo peor es lo miserable que me siento después. ¿Por qué soy así?

Es como si este tipo de personas me percibieran como una estatua; no como alguien a su mismo nivel, sino simplemente como un objeto. Quizá piensan que soy inferior a ellos. Ellos representan la razón, la verdad, lo claro; y yo, en comparación, soy lo insignificante, lo incierto, lo que no tiene respuestas. O tal vez es que tengo un complejo de víctima.

En cualquier caso, soy el tipo de persona que es incapaz de limitarse a escuchar a alguien. Me gusta hablar de mí misma, y tiendo a pensar que no tengo ninguna razón para quedar con alguien que no se interesa por mí. Alguien que solo habla de sí mismo podría simplemente hablar con una pared.

Me agota profundamente hablar con personas que no paran de centrarse en sí mismas, tratando de demostrar que son mejores que los demás. En esas situaciones, debería quedarme callada, pero en lugar de eso, empiezo a hablar también. Hablo más y con más entusiasmo, incluso si lo único que busco es llamar la atención. ¿Quién de nosotros es más agotador?

Probablemente yo. Sí, soy yo.

Por eso he enfermado por segundo día consecutivo. Incluso yo misma me agoto.

19

Ser yo misma tanto en la honestidad como en la hipocresía

Psiquiatra: ¿Cómo estás?

Yo: Voy haciendo. Pasó algo sobre lo que creo que vale la pena reflexionar.

Psiquiatra: ¿Qué pasó?

Yo: Es algo que me genera dudas. Hay una escritora que me gusta mucho y con la que he mantenido contacto en línea durante bastante tiempo. Hace poco que nos vimos por primera vez, y me lo pasé bien. Cuando conozco a alguien, suelo comportarme de forma sociable y amigable. Me río bastante, soy amable y tengo facilidad para responder a lo que la otra persona dice. (Al menos cuando quiero caer bien). Ese día también me comporté así. Ella también fue amable y respetuosa, sin exageraciones, lo que hizo que no me sintiera incómoda.

De camino a casa, estuve reflexionando. ¿Mi sociabilidad es algo que he desarrollado con el tiempo? Es cierto que ser amable me hace sentir bien, pero hay ocasiones en las que, al volver a casa, me siento extremadamente agotada. Es decir, tal vez en realidad no quiero ser amable. No es que busque ser grosera, pero tampoco me apetece reír o esforzarme por hacer que la conversación fluya. Sin embargo, siento que gracias a ese esfuerzo, las personas me han aceptado.

Muchas personas son tímidas cuando están con desconocidos, y en esas situaciones, siempre soy yo quien toma la iniciativa en la conversación. Pero la verdad es que no quiero hacerlo, y cuando regreso a casa, me siento exhausta. Por eso pienso que mi sociabilidad y amabilidad son habilidades que he aprendido con el tiempo. Ahora quiero permitirme no sonreír cuando no me apetezca y dejar de esforzarme tanto en ser agradable.

Psiquiatra: Has comentado que todo esto lo pensaste de camino a casa. Normalmente, ¿tienes este tipo de pensamientos mientras eres amable con alguien?

Yo: Sí, hay veces que pienso todo esto mientras hablo con alguien. Pienso: «Estoy cansada».

Psiquiatra: ¿Tal vez es porque la otra persona se deja llevar por tu conversación, se apoya en ti?

Yo: Exacto. Normalmente, la otra persona no es grosera, pero tampoco pone tanto empeño como yo en mantener la conversación. A veces siento que solo actúa de manera natural, sin darle mucha importancia a nuestra interacción. (Aunque puede que esto solo sea una percepción mía). No logro entender por qué me esfuerzo tanto.

Psiquiatra: ¿No sentiste que la escritora era desagradable contigo?

Yo: No, en absoluto. Pero sí que me dio la sensación de que era un poco egocéntrica. Era de esas personas que hacen lo que les apetece, y me pregunté si quienes la rodean ajustan su comportamiento para acomodarla. Esto me dejó una sensación de desilusión. Me sentí algo incómoda, porque yo suelo esforzarme por hacer que la otra persona se sienta a gusto, adaptando la conversación. Por eso valoro mucho cuando otros también ponen atención y se esfuerzan en mantener la conversación. Las personas con las que me siento más a gusto, como mi pareja, mi familia o mis amigos más cercanos, suelen esforzarse más. Mi forma de ser cambia bastante cuando conozco a alguien nuevo. (Es una de las cosas que menos me gustan de mí misma).

Psiquiatra: ¿Cómo crees que ser tan complaciente te afecta a ti y a las personas que te rodean?

Yo: Ah, ¿te refieres a con mis amigos? Cuando somos más cercanos tienden a ser ellos un poco más complacientes conmigo.

Psiquiatra: Al principio todos somos un poco complacientes.

Yo: ¿Todos?

Psiquiatra: Tú misma has comentado que cuando conoces a alguien tiendes a ser más complaciente, pero que no eres así con las personas que ya conoces. ¿Cuál crees que es el proceso que permite esto? Estoy seguro de que, mientras estás conociendo a alguien, no te levantas un día y dices: «Ya no voy a ser tan complaciente contigo». (Me echo a reír).

Yo: Hm... Creo que progresivamente comienzo a reclamar mi espacio. En realidad, no lo sé.

Psiquiatra: Cuando empiezas a reclamar tu propio espacio, ¿la gente suele distanciarse?

Yo: Para ser honesta, aparte de la amiga que me llamó tonta, no tengo muchos amigos que me conozcan realmente bien; de hecho, no tengo muchos amigos en general. Los pocos que tengo son de hace años, y nuestra amistad ha ido evolucionando con el tiempo. A parte de estos amigos, no tengo ninguna amistad que se haya construido paso a paso. En realidad solo soy complaciente con mis parejas al principio, cuando nos estamos conociendo.

Psiquiatra: Es imposible conocer a alguien de inmediato; con todas las personas que hemos conocido, hemos pasado por un proceso de familiarizarnos con ellas y aprender a conocerlas. No importa cuán cercanas sean ahora, en el pasado siempre hubo un momento en el que empezaste a conocerlas. Tal vez podrías pensar que tú simplemente eres el tipo de persona que se esfuerza.

Yo: ¿Y por qué me tengo que esforzar? (Mis palabras me sorprenden).

Psiquiatra: Todos nos esforzamos.

Yo: ¿Todos?

Psiquiatra: Sí, aunque el grado de esfuerzo puede variar. La discrepancia en esta situación particular podría ser el resultado de diferencias de edad o estatus social. Aun así, incluso en aquellos casos en que sientes que estás haciendo un gran esfuerzo, es natural que al interactuar con otras personas seamos más considerados con los demás y ocultemos ciertas facetas de nosotros mismos. No deberías llevar tus esfuerzos al extremo de criticarte a ti misma.

Yo: ¿Quieres decir que soy una persona débil y que tengo complejo de víctima? Tengo esa tendencia, ¿verdad? ¿Es porque no confio mucho en mí misma?

Psiquiatra: En lugar de buscar una razón, tal vez podrías ver tu consideración hacia los demás como una prueba de tus habilidades sociales y considerarlo algo positivo.

Yo: Hay personas que envidian eso de mí. Mi pareja me dijo que admira mi capacidad para ponerme en el lugar de los demás y compartir sus momentos de alegría y tristeza. Aunque él intenta conectar con la gente, siente que tiene un límite. Por mi parte, siento que llevo dentro mucho de otras personas, y eso no me gusta.

Psiquiatra: Ya veo. Entiendo que no te guste tener tanta consideración por los demás. Tal vez esa escritora, en lugar de ser fría, simplemente actuaba con respeto y al llegar a casa pensó: «Aunque era la primera vez que nos veíamos, Sehee fue muy amable». Las relaciones interpersonales no son inmutables. En un primer encuentro puedes estar más pendiente de la otra persona, en una segunda reunión te enfocas un poco más en ti misma, y ya en una tercera, la otra persona puede empezar a ajustar su comportamiento para que tú te sientas cómoda; así, las dinámicas de una relación van cambiando. Es importante que recuerdes que has tenido y aún tienes personas con las que has creado conexiones así. (¿Todavía tengo personas así en mi vida? ¿Hay alguien con quien aún pueda fortalecer y profundizar nuestra relación?). También es normal querer distanciarse si sientes incomodidad en una relación, y puede afectar tu autoestima pensar que eres demasiado complaciente. Pero podrías intentar moderar ese pensamiento recordando: «Antes de conocer a esta persona, yo estaba bien; no es esencial en mi vida y no me va a salvar. Aunque no esté aquí, todo seguirá igual».

Yo: ¿Es tan sencillo como lo planteas? Intentaré pensar en lo que me has dicho. Y tengo otra cosa que comentarte. (No paran de salir cosas). Cuando estaba en el instituto, mi autoconfianza no era muy alta. Me criticaba mucho a mí misma y mis amigos siempre me decían: "¡Ya estás criticándote otra vez!". Ahora mis amigos no me lo dicen tanto, eso significa que estoy mejorando,

¿no? Creo que como yo misma solía criticarme, los demás pensaron que podían menospreciarme; era incapaz de defenderme. Tenía una amiga que me menospreciaba bastante. Tal vez ya he hablado de esto, pero recuerdo una vez, en segundo de bachillerato, que me vio comiendo chocolate y dijo: «Por eso engordas». Puede parecer algo insignificante, pero su comentario me dolió mucho, y hubo otras situaciones similares. Sin embargo, no le dije que me había molestado. Mis amigos decían que era tímida; y eso me hacía temer ser percibida como alguien tímido. Solía dejar que las cosas me afectaran hasta ya no poder aguantar más. Con esta amiga, pensé: «Me está despreciando, tengo que alejarme de ella», y efectivamente corté el contacto. Era muy cercana a ella, así que creo que no se lo esperaba. Hace unas tres semanas, me escribió un mensaje directo en Instagram. Dijo que no había tenido el valor de contactarme antes. Mientras leía su mensaje, reflexioné mucho. Después de pensarlo, decidí responderle y compartir todo lo que sentía. Le conté cómo sentía que me había menospreciado. Temía volver a ser esa chica de 19 años que no podía decir nada ante el desprecio. Ella me respondió rápidamente, diciendo que no sabía que me había sentido así y agradeció mi sinceridad. Se disculpó y propuso vernos para hablarlo en persona. Hoy iré a su negocio, y me da un poco de miedo.

Psiquiatra: Lo que has hecho es algo impresionante.

Yo: ¿Cómo?

Psiquiatra: Que es impresionante. Has sido completamente honesta con ella.

Yo: ¿Eso es impresionante?

Psiquiatra: Sí. Lograste expresar todo lo que antes no podías por miedo. Es bueno que hagas esto, creo que lo necesitas. Cuando decimos algo, es imposible predecir la reacción de la otra persona. Puede que la respuesta sea positiva, como en este caso, pero también puede ser que piense: «Qué pesada». Cuanto más se anticipa la reacción de la otra persona, más tendemos a pensar de forma negativa. Sin embargo, en esta ocasión lograste comunicar tus sentimientos y dijiste: «Siento esto, y si no lo entiendes, no es necesario que mantengamos el contacto. No quiero volver a sentirme herida». Cuando eras adolescente, no podías manejar lo que te lastimaba, pero ahora sí. Tienes la capacidad de expresar lo que piensas.

Yo: Tienes razón. Realmente aprecié su disculpa, y al escribirle, me sentí aliviada. Ese día lloré bastante. Pude sacar a la luz las heridas que había estado escondiendo, y al hacerlo, me di cuenta de que no era tan grave; esto me ayudó a dejar de sentir rencor hacia ella. Sin embargo, creo que hoy será un poco incómodo; no sé muy bien cómo hablar con ella. Últimamente, estoy un poco obsesionada con ser demasiado cortés, así que me pregunto si debería actuar de forma desinteresada o simplemente ser yo misma.

Psiquiatra: Sé tú misma. Si ahora eres capaz de hablar con honestidad sobre lo que sientes, puede ser que seas capaz de recordar el aspecto bueno de vuestra relación, y enterrar los recuerdos negativos con nuevas experiencias positivas con esta persona.

Yo: Vale, intentaré pasármelo bien con ella.

20
Una amabilidad arraigada

He estado pensando en por qué soy tan amable con personas que en realidad no me importan tanto. Creo que es porque son individuos que podrían llegar a despreciarme, ya que tienen la capacidad de juzgarme y odiarme por cosas triviales. En cambio, me siento más libre de ser brusca con quienes sé que me quieren, porque su amor reduce la posibilidad de que me odien.

Recientemente, he sentido que esta tendencia a ser cortés es algo que me han enseñado desde pequeña. Desde niña, aprendí a mantener la calma y siempre pensé que debía ser amable con los demás, porque temía ser rechazada o quedar aislada.

Pero ahora, cuando llego a casa después de ser demasiado amable, siento que me pongo enferma. No puedo liberarme del cansancio. El miedo a ser odiada o a no interesarle a nadie es algo de lo que siento que nunca podré desprenderme. Pero deseo ser libre. Incluso si todos me abandonan, si me insultan o si me quedo completamente sola, quiero deshacerme de mi propia máscara. No quiero ser educada, ni que me vean como una buena persona, porque en realidad no lo soy. A veces respondo de manera amable a los comentarios que recibo en redes sociales; aunque no son hipócritas, mis respuestas sí que pueden parecer un poco exageradas. Llevo una máscara de amabilidad, procurando que mis respuestas sean siempre las adecuadas.

Cuando esto se vuelva demasiado exagerado, quiero dejar de hacerlo. Pararé cuando no me apetezca ser amable. Solo necesito ser yo misma. Siento una gran frustración al darme cuenta de esto tan tarde, a mis treinta años; siempre tengo la sensación de estar un paso atrás. He comenzado a aceptar que este odio hacia mí misma es tan intenso como la autocompasión.

21
¿Soy una persona decidida?

Normalmente hago ejercicio tres veces a la semana, pero últimamente no me he sentido bien y he empezado a preocuparme por mi apariencia. Fui a visitar a mi abuela con mi madre, y ella comentó que había engordado y que necesitaba perder peso, lo que me enfadó mucho. Cuando le pregunté por qué decía eso, me respondió que a ella no le importaba mi peso, pero que parecía estresada por ello, así que tal vez sería bueno que adelgazara. Me dijo que si me obsesiona tanto el peso, simplemente debería hacer un esfuerzo para perderlo. Le contesté: «Eso deberías decírmelo solo si yo lo menciono. No entiendo por qué hablas de mi peso sin que yo haya sacado el tema; me duele que lo hagas». Terminamos discutiendo. Mi abuela me abrazó y empecé a llorar. Las personas mayores suelen tener estándares diferentes; ella me dijo que debería ganar un poco de peso. Cuando mi madre comentó que debía adelgazar, mi abuela se molestó y le respondió que si perdía más peso, ya no me vería. Mientras lloraba, comenté que desearía que los estándares de belleza de todos fueran como los de mi abuela. Sin embargo, al vivir en una época con estándares distintos a los de mi abuela, decidí inscribirme en un campamento de dieta de tres semanas, centrado exclusivamente en hacer ejercicio.

Psiquiatra: ¿Cómo te fue? ¿Ha ido todo como imaginabas?

Yo: ¿Te refieres al campamento? ¿Crees que he perdido peso? ¿Se nota?

Psiquiatra: Has perdido peso en la cara, y dado que llevas ropa de invierno, pareces estar más delgada.

Yo: ¿En serio? He perdido unos cuatro kilos de grasa. Pesaba mucho, 57 kilos.

Psiquiatra: ¿Eso es mucho?

Yo: Sí, muchísimo. Mido 1,61 cm. Me iba a quedar dos semanas, pero decidí alargar mi estancia una semana más.

Psiquiatra: ¿Decidiste quedarte más tiempo porque era efectivo?

Yo: Allí me sentía a gusto. En los últimos meses no he tenido nada que hacer. La verdad es que cuando siento que tengo una obligación, me resulta fácil cumplir con lo que se espera de mí. Pero como durante este tiempo no he tenido ninguna responsabilidad... Quería organizarme y escribir, pero no logré hacerlo. Sin embargo, en el campamento, tener un horario fijo de 8 de la mañana a 19 de la tarde me resultó bastante cómodo.

Psiquiatra: Y por lo que dices, las actividades que realizaban estaban enfocadas en mejorar tu salud.

Yo: Sí. ¡Y wow! Hacíamos entre cinco y seis horas de deporte cada día. Era un poco duro, pero se podía hacer. El aburrimiento es mucho más complicado. La primera semana fue bastante difícil, pero en la segunda me sentí mejor, así que decidí quedarme una semana más. Pensé en quedarme un mes, pero me pareció que era demasiado. Sin embargo, cuando se acercaba el final de la tercera semana, me di cuenta de que debería haber alargado la estancia una semana más. Si lo hubiera hecho desde el principio, me habría salido más barato.

De todos modos, el día 14, que fue sábado, fui a una boda y después vine a recoger la medicación y fui directamente a casa. Pensé que me alegraría de volver a casa, pero lo odié. Temía volver a mi vida aburrida y difícil, y aunque sea un espacio al que tengo aprecio, me hace recordar todo aquello que no quiero recordar, y me hizo sentir mal. Y quiero mucho a mis perros, pero cuidar de ellos es un trabajo más. Es como que siento amor y dolor al mismo tiempo. Como tengo tres perros, la mayoría de mi tiempo lo invierto en cuidar de ellos. (Mi familia cuidó de ellos mientras yo estaba en el campamento). Al pensar que mi libertad se vería algo restringida al regresar a casa, me sentí un poco frustrada. Los extrañé, pero cuidar de ellos no es fácil. Mientras estaba en el campamento, experimenté esa sensación que tienen las madres cuando dejan a sus hijos en la guardería: «¡Por fin soy libre!» Me sentí así. Aunque tal vez sentía eso porque solo faltaba una semana para que me viniera la regla.

Psiquiatra: ¿Te preparaste mentalmente para volver a casa?

Yo: Lo intenté. Y en la segunda semana no estaba bien, no podía parar de llorar. Mientras hacía ejercicio estaba cómoda, y durante los descansos de treinta minutos también, pero después de repente me abrumaba una sensación de vacío, y empezaba a llorar. Me vino la regla a la tercera semana, y tal vez fue porque me había acostumbrado a estar allí, pero estaba mejor. Y como me gusta estar sola, disfrutaba de volver a mi habitación a descansar después de hacer deporte o de comer. Ah, y me hice amiga de una compañera de 20 años. Es muy buena persona.

Psiquiatra: Me alegro de que te lo hayas pasado bien. Cuando giras la cara un poco sí que da la impresión de que has perdido peso.

Yo: ¿Eh que sí? Y algo que me entristeció un poco es que no había mucha gente desde mi edad a los 40 años, es decir, personas que están en edad de trabajar. Sí que había gente que tenía más tiempo, como universitarios o personas que parecían tener niños que ya eran un poco más mayores. En realidad no es un sitio al que se pueda ir si se tiene un trabajo, tampoco pueden ir las personas que no tienen a donde dejar a los niños. El estrés del trabajo hace que las personas coman más, no se tiene tiempo para hacer deporte, y se debe continuar trabajando. Es un círculo interminable. Yo también era así cuando trabajaba. Considero que tengo mucha suerte por el mero hecho de haber podido ir a este campamento.

Bueno, el campamento me gustó; y como tenía mucho miedo de volver a casa, llené mis días de tareas para estar ocupada. Desde el viernes no ha habido un momento en el que he descansado. Contraté a un entrenador personal en el gimnasio, fui al banco, al hospital... Pero creo que acabé muy cansada. Antes de ayer estaba completamente agotada. No tenía ni una pizca de fuerza. Es por eso que cancelé todo lo que tenía que hacer.

Psiquiatra: Es bueno tener cosas que hacer, pero no está mal procurar descansar entre tus tareas.

Yo: Lo intentaré hacer. Y últimamente he retomado mis estudios acerca del feminismo.

Psiquiatra: ¿Por qué has comenzado a estudiar de nuevo?

Yo: No leí mucho mientras estaba en el campamento, estaba demasiado concentrada en hacer deporte. Pero una escritora que me gusta está trabajando en un cortometraje. Yo la apoyé y la ayudé a recolectar dinero. Se hizo un perfil de Twitter y la seguí. Me da la sensación de que el mundo de Twitter es un poco difícil; creo que hay muchos discursos extremos.

Entre los tuits que vi hubo uno que me llamó la atención porque me recordó a mi yo del pasado. (Además, había muchas personas que lo habían retuiteado). No somos seres sencillos, y es normal que a veces cometamos errores; al menos una vez. Sin embargo, este tuit iba dirigido a una persona en particular, criticándola y condenándola, como si quien lo escribió se creyera incapaz de cometer un error. Y con los retuits y la popularidad que alcanzó, esta condena tenía la magnitud de una condena grupal. Por ejemplo, cada uno escoge si apoya al feminismo liberal o al feminismo radical, pero criticar y tratar de eliminar a la parte contraria no es algo que sea correcto. Pero sentí que hay muchas personas así, personas que piensan que cuestiones tan complejas pueden separarse en dos de una forma tan simple.

Psiquiatra: Es una actitud excluyente, no tener respeto por las opiniones de los demás.

Yo: Sí, es exactamente eso. Sé que luchar por una causa es algo digno de respeto. Es asombroso; nunca ridiculizaría eso. Pero me frustran las confrontaciones extremas, y yo misma no tengo mucho conocimiento sobre el asunto; así que he empezado a leer mucho. Quiero tener una opinión sólida. Pero he estado reflexionando sobre el movimiento «Escape The Corset»* y he pensado: «¿Cuál es la verdadera razón por la que quiero perder peso y me maquillo? ¿Es verdaderamente porque busco la atención de los hombres? ¿Me estoy exhibiendo?», pero no creo que sea solo eso. Creo que el problema fundamental radica en la cultura que asigna el valor del poder y el dinero a los hombres, y el valor de una buena apariencia física a las mujeres. No sé quién creó este tipo de cultura. También está el tema de que el amor heterosexual viene presupuesto. Y desde que era pequeña he sentido que las chicas guapas y delgadas han recibido más atención y han sido tratadas mejor. Tal vez es por eso que cuando estoy entre mujeres tiendo a competir con ellas. No me gusta eso de mí misma.

---

* Movimiento originado en Corea del Sur por mujeres jóvenes que busca desafiar los estándares de belleza surcoreanos; rechaza la idea de que las mujeres deben cumplir con un estándar de belleza para ser valoradas. (N. de la t.)

Psiquiatra: ¿No te gusta eso de ti misma?

Yo: No, para nada. Incluso en el campamento; justo cuando yo me iba entró un grupo de mujeres delgadas. Entre ellas había una mujer muy guapa, y cuando la vi, me entraron ganas de competir. «¿Yo no soy tan guapa como ella? ¿Ella está más delgada que yo?», pensaba cosas así, y después de ver cómo hacía deporte, comencé a odiarme a mí misma. Pero, ¿qué pasa si alguien es más delgada que yo o si es más gorda que yo? ¿Verdaderamente tiene tanta importancia? Me odio a mí misma por la tranquilidad que siento cuando veo a alguien que está más gorda que yo. Además, yo tiendo a darme cuenta de si las personas son atractivas o no. Por lo general, en el campamento no me fijaba en las caras de los demás; simplemente me enfocaba en hacer deporte. Cuando miro a otras personas, a veces las juzgo como si fueran inferiores a mí, lo cual detesto. Esto me llevó a reflexionar sobre el verdadero motivo por el que me arreglo y compito con otras mujeres, y empecé a considerar que esa competitividad podría estar motivada por el deseo de llamar la atención de los hombres. Cada vez me daba cuenta de más aspectos, y creo que no deberíamos culpar a nadie por no poder derribar la barrera del patriarcado, ya que todos hemos crecido dentro de este sistema y somos parte de él. No es mi culpa. Entonces me plantee si simplemente tengo que aclimatarme a este sistema o formar parte del movimiento «Escape The Corset». No sé qué opción es la que me haría más feliz.

Sé que puede ser un poco extremo, pero tengo otra cosa que quiero comentar. Para mí es importante haber perdido peso, ya que ahora, cuando me siento, mi estómago se pliega menos y me siento más ligera. Por este motivo planeo seguir haciendo deporte; no me gustaría ver cómo mi cuerpo se estropea si sigo comiendo y bebiendo alcohol sin ton ni son. Estar sana es bueno, y quiero estarlo.

Y cuando me arreglo, debería sentirme contenta solo con eso, pero aunque presto atención a todos los detalles (maquillaje, peinado, ropa, etc.), automáticamente me pregunto hasta qué punto me veo más atractiva. Cuando no me maquillo, como sé que estoy fea, no pienso en mi apariencia al salir a la calle; no presto atención al resto de personas. Pero cuando me arreglo, me fijo en las personas más atractivas, con mejores cuerpos; me comparo. No es algo que me haga feliz. ¿Eso significa que soy más feliz si no me maquillo y me corto el pelo?

Psiquiatra: ¿Tú crees que serías más feliz?

Yo: Ah, no sé por qué estoy llorando. No sé qué me pasa. ¿Hay más gente que te habla de estos temas? (De nuevo pongo mi atención en otras personas).

Psiquiatra: (No responde a mi pregunta). Todo el mundo es diferente. Incluso si nos fijamos en los hombres, hay algunos que se maquillan y se arreglan mientras que otros no lo hacen tanto.

Yo: Pero las mujeres tienen una presión mucho mayor para siempre lucir bien. Es algo forzado, no es una elección como en el caso de los hombres.

Psiquiatra: No es necesariamente algo que venga forzado, es más bien parte de un sistema competitivo.

Yo: ¿Y por qué existe este sistema competitivo? (Parece que lo esté acusando de algo)

Psiquiatra: Se puede decir que es a causa del patriarcado, pero el hecho de que las mujeres se preocupen por su aspecto físico es algo aceptado socialmente. En el pasado, los hombres en Europa solían preocuparse mucho por su apariencia, pero hoy eso se considera algo negativo, aunque la situación está cambiando. Con el tiempo, las cosas cambian. Quizás deberías verlo de esa forma. Tal vez no sea necesario pensar en el maquillaje, el peinado o incluso las cirugías estéticas como una forma de manifestar o representar algo. Antes había una obligación de llevar el cabello largo, aunque no se quisiera, pero ahora se tiene la libertad de cortarlo. Siento que muchas de nuestras acciones actuales parecen conducir al odio y la discriminación.

Yo: Los niños empiezan a odiar su cuerpo a una edad muy temprana. Yo también era así cuando iba al instituto, y ahora ha empeorado. Cuando estaba en bachillerato, otras chicas que usaban maquillaje cada día solían comentar algo cuando yo iba al instituto sin maquillaje, y eso me hizo pensar que ser una mujer y mostrar un rostro sin maquillaje era algo vergonzoso. Acabé por odiar el aspecto natural de mi rostro y mi cuerpo. Pasó mucho tiempo hasta que decidí salir a la calle sin maquillaje. Todo esto me ha hecho cuestionarme si me maquillo verdaderamente para mí.

Psiquiatra: Al reflexionar sobre esto, estás pensando en el tiempo que estuviste sin usar maquillaje, pero ¿puedes recordar la primera vez que te maquillaste? ¿No crees que lo hiciste porque te hacía sentir bien contigo misma?

Yo: ¿Lo dices porque estoy más guapa maquillada?

Psiquiatra: El maquillaje normalmente hace que nos veamos mejor. Hay cosas que simplemente suceden, pero creo que tratar de etiquetarlas y criticarlas es un esfuerzo interminable. Tal vez volver a estudiar para formar una opinión firme solo te cause más angustia. No estoy seguro de que realmente te ayude a llegar a una conclusión; podría incluso desestabilizarte más.

Yo: ¿Y entonces qué hago?

Psiquiatra: Tómate el estudio con calma, no te aferres a él. Creo que ahora hay cosas más importantes para ti. Por lo que comentas, da la sensación de que sientes todo lo que haces como un pecado.

Yo: Sí, exacto. Siento que no soy valiente, que soy cobarde.

Psiquiatra: Tal vez no se trate de ser hombre o mujer, sino de que simplemente quieres verte bien y decides maquillarte. Sin embargo, si al mirarte maquillada sientes desagrado y piensas «¿qué estoy haciendo?», entonces, aunque fuiste tú quien se maquilló, esa acción puede terminar hiriéndote a ti misma.

Yo: Sí… ¿Por qué soy tan influenciable? No tengo pensamiento propio; no tengo criterio. Se lo pregunté a mi pareja, pero él me dijo que el problema es que tengo demasiado pensamiento propio. Yo no estoy tan segura.

Psiquiatra: ¿Recuerdas que hablamos sobre cómo los extremos se comunican entre sí? Tal vez el hecho de no afiliarte a nada te haga desear unirte a algo, sentir que perteneces a algo, como por ejemplo, decir que eres feminista. ¿Qué te parece si dejas un poco de lado tu estudio? Quizá te sientas mejor.

Yo: ¿Tu crees? Yo no lo tengo tan claro. Bueno, de acuerdo. ¿Qué hago con la medicación?

Psiquiatra: Quizás deberíamos considerar agregar algo de medicamento, aunque la última vez te causó urticaria.

Yo: No.

Psiquiatra: Solo te voy a subir la dosis un poco. Si tienes efectos secundarios, deja de tomarla.

Yo: Vale. ¿De qué color es?

Psiquiatra: Es una pastilla muy pequeña de color verde menta. Tómate media. Tal vez podamos comenzar a reducir la dosis de la medicación que tomas habitualmente. (Por fin una buena noticia). Creo que estás mejor.

Yo: ¿En serio? Qué alivio. La verdad es que no me siento tan mal. Voy a trabajar para estar mejor tanto física como emocionalmente. Creo que he logrado mejorar un poco mi estado de ánimo. También intentaré hacer más ejercicio.

Psiquiatra: Perfecto. Que tengas un buen fin de semana.

22
A veces olvido lo evidente

Estoy trabajando para fortalecerme tanto física como emocionalmente, lo cual no es fácil. Aunque no haya sido una víctima directa, sino más bien una espectadora distante, el peso de lo vivido sigue siendo difícil de llevar. Estoy empezando a comprender lo terribles que fueron esos episodios del pasado en los que dejé que mi naturaleza extrema se manifestara. Recuerdo aquellos tiempos en los que me despreciaba a mí misma y a los demás, cuando juzgaba severamente a alguien por un error sin importancia y lo excluía de mi vida. Esta inclinación hacia lo extremo causó dolor tanto en mí como en quienes me rodeaban. Aún enfrento situaciones similares, pero estoy avanzando y mejorando.

Me inquieta esa forma de ridiculizar a los demás, como si nunca se hubiera cometido un error en la vida. También me asusta la creencia absoluta de que siempre se tiene la razón.

En cualquier caso, pienso que no hay nada absoluto. Se deben admitir las cosas rápido, la reflexión debe ser breve y la acción inmediata. No debo imponer mis pensamientos en otra persona. Es algo evidente, pero a menudo lo olvido.

23
Una manera de pensar flexible y el coraje para tomarse un descanso

Yo: Hola.

Psiquiatra: ¿Te ha resultado incómoda la pastilla que incorporamos en la sesión anterior?

Yo: Sí, por eso la dejé de tomar de inmediato. El día que me la tomé tuve palpitaciones muy fuertes; al día siguiente no la tomé y estuve mejor. Era una dosis muy pequeña, ¿cómo puede provocar una reacción tan rápida? Creo que esa pastilla no me sienta muy bien. ¿Qué tipo de medicamento es?

Psiquiatra: Es una pastilla que ayuda a la regulación de la dopamina y la serotonina. Las pastillas que te estás tomando ahora ayudan al aumento de la dopamina y la serotonina. Es un poco complejo de explicar, pero la pastilla que añadí puede ayudar a fomentar este aumento. Nunca había visto a alguien que reaccionara así a este medicamento. Hiciste bien en dejarlo de tomar. ¿Estás haciendo deporte?

Yo: Sí. Te hice caso cuando me dijiste que no lo dejara, así que he estado haciendo deporte cada día.

Psiquiatra: Si has estado haciendo deporte cada día desde la última vez que nos vimos, son solo tres días, ¿verdad? (Sus palabras son como un cuchillo).

Yo: Sí.

Psiquiatra: ¿Los domingos descansas?

Yo: Sí, el gimnasio está cerrado. Por primera vez tuve una sesión con mi entrenador personal y casi me muero, de verdad. Fue el deporte más difícil que he hecho en toda mi vida. Analizamos mi cuerpo y decidimos fortalecer aquellas partes más débiles. Se me da muy bien hacer sentadillas, pero los músculos de los glúteos y tendones de la corva están muy débiles. Cuando comencé a hacer ejercicio para fortalecer esos músculos, fue tan difícil que no puedo describirlo con palabras. El entrenador no paraba de animarme diciéndome que lo podía hacer, y yo tenía ganas de darle un puñetazo. Cuando vi cómo me temblaban las piernas al acabar, tuve la sensación de que verdaderamente había hecho deporte. Hubo un momento en que ya no podía seguir, y el entrenador personal decidió terminar la sesión.

Psiquiatra: Espero que el entrenador personal sea bueno. ¿Ha ocurrido algo más?

Yo: ¿Algo más? He estado reflexionando sobre lo que me dijiste sobre el feminismo, y creo que estuve considerando al feminismo como algo absoluto, como una religión. Creo que es algo positivo seguir la ideología general del feminismo, lo considero algo valioso. Pero yo era como una persona cristiana que siente pena por todos aquellos que no van a la iglesia. Cuando veía a una persona que no creía en el feminismo, me daba pena, pensaba que a mí también me gustaría ser tan ignorante, pensaba que vivir así sería algo muy cómodo. (Qué arrogante). Pero me di cuenta de que pensar así era muy peligroso. Lo positivo de la situación es que logré percatarme de ello rápidamente. Es decir, reparé en que creía en el feminismo como si fuera algo absoluto, como si se tratara de una religión. Aún pienso que el feminismo es importante, pero no está bien forzar esta ideología en otras personas, aunque tampoco tengo el recuerdo concreto de haberlo hecho nunca. Todo el mundo tiene diferentes opiniones, y que me dé pena alguien por tener unas opiniones contrarias a las mías sin tener en consideración su propia situación personal es algo arrogante y que está mal.

El año pasado me comentaste que parecía ser el tipo de persona que, al encontrar algo que no me gusta de un autor que aprecio, perdería todo mi interés en él. Realmente era cierto. Ahora me doy cuenta de lo perjudicial que es pensar de esa manera. He comprendido lo arriesgado que es juzgar a alguien solo por algunos fragmentos de esa persona. Siento que he avanzado mucho, y eso me alegra.

Psiquiatra: ¿Sigues estudiando?

Yo: Después de nuestra última sesión no he vuelto a leer nada. Siento que necesito descansar un poco.

Psiquiatra: Me parece bien que no lo hayas dejado por completo y que simplemente te estés tomando un descanso. Es bastante común juzgar a alguien basándonos en un solo aspecto de su vida, generalizando. Hay una persona que se hizo viral en internet y que viene a la consulta. Como dijiste, la juzgaron solo por un fragmento de su historia y se convirtió en objeto de burlas por parte de personas que no la conocían. Es una persona de cierta edad, y yo también he hecho lo mismo, la he juzgado. A veces, al leer lo que alguien publica en internet, yo también me imagino lo que esa persona cree o piensa. Pero hasta que este paciente no se sentó enfrente mío y me contó su experiencia, no pude entender completamente lo que ha vivido. (Es algo bastante obvio).

Yo: ¿A qué te refieres con que no puedes entender lo que ha vivido?

Psiquiatra: Nunca me imaginé que esa persona fuera tan activa en internet.

Yo: Ah, ya; eso no siempre es algo evidente.

Psiquiatra: Aun así, es algo que afortunadamente se pudo resolver. Internet es un lugar donde no se pueden apreciar las expresiones faciales, y la comunicación no siempre es la mejor. Además, como nadie se toma el tiempo para escuchar, es imposible apreciar las distintas facetas de una persona. Esto me hace reflexionar sobre lo potencialmente peligroso que puede ser.

Yo: Sí, me he dado cuenta de que yo también era así; juzgaba demasiado. Lo bueno es que llegué al feminismo después de lograr ver cómo tendía a generalizar y juzgar a una persona a partir de un solo aspecto; aunque nunca llegué al extremo de pensar que, porque yo creía en el feminismo, tenía toda la razón y que quienes no lo compartían estaban equivocados. No hice que otras personas se sintieran incómodas con mi creencia en el feminismo. Al menos me alegro por eso.

Psiquiatra: Regresando al principio, hablemos de por qué te empezó a interesar el feminismo. Creo que tu interés está relacionado con tu preocupación por las personas o grupos más vulnerables.

Yo: Sí, puede ser.

Psiquiatra: Atender a aquellos grupos que la sociedad a menudo menosprecia es un gesto valioso. En general, interesarse por quienes nos rodean es positivo; sin embargo, creo que sería beneficioso que reflexionaras sobre tus propias vulnerabilidades. Tal vez deberías dedicar más tiempo a lo que realmente te apasiona y permitirte mostrar tu ambición.

Yo: Creo que ya lo estoy haciendo un poco; un ejemplo es el deporte. Y también he decidido que voy a inscribirme a una academia de música. Quiero probar de aprender, tomármelo como un pasatiempo. Además, la academia está justo al lado del gimnasio. Empezaré la semana que viene. Está bien, ¿no crees?

Psiquiatra: Sí, creo que ya habías mencionado lo de la música antes. Por lo que tengo entendido, en este tipo de academias se aprende muy rápido.

Yo: Eso espero. Sobre el campamento de dieta, aunque me aconsejaste no ir, me alegra haber decidido asistir. También me advertiste sobre dejar mi trabajo, pero creo que ha sido de las mejores decisiones que he tomado. A menudo me has dicho que soy fácil de influenciar, pero siento que, poco a poco, estoy aprendiendo a tomar mis propias decisiones y a escucharme a mí misma.

Psiquiatra: Sí, tienes razón.

Yo: Lo mejor de haber ido al campamento es que, después de vivir unos días con horarios fijos, siento que mi pereza ha disminuido un poco. Y he estado reflexionando sobre algo: espero que la decisión de no hacer ciertas cosas no se convierta en una carga. Es por eso que últimamente estoy ocupándome de todo lo que había dejado pendiente. Estoy un poco atareada, aunque no es nada demasiado importante; son solo asuntos del banco o recados de este tipo que tienden a ser un poco molestos.

Psiquiatra: El hábito de seguir haciendo cosas, incluso cuando no nos apetece, es muy positivo. Cuando alguien piensa: «Estoy deprimido», ese pensamiento puede llevarlo a quedarse en casa y reducir su vida social. Sin embargo, si esa persona ha aprendido a actuar a pesar de su desánimo, le resultará más fácil salir de ese bache. El aislamiento a menudo surge de la depresión, pero a su vez puede empeorarla. Si nos acostumbramos a hacer ciertas actividades cuando nuestros niveles de serotonina están altos (es decir, cuando nos sentimos bien), recordar las experiencias que disfrutamos en los momentos difíciles puede ayudarnos a mejorar nuestro día.

Yo: Sí, es verdad. Y estos días ni siquiera tengo el tiempo para estar deprimida. He conseguido liberarme un poco de esa sensación. Es cierto que aún no he logrado controlar del todo mis emociones; aún me siento un poco inestable y muy sensible. Pero me doy cuenta de que ya no estoy tan deprimida ni tengo tantas ganas de no hacer nada. Antes, cuando me sentía así, lo primero que hacía era quedarme en la cama sin salir, pero ahora ya no lo hago. También he dejado de obsesionarme con estar ocupada todo el tiempo, lo que me ha hecho sentir más tranquila. En realidad, tengo bastantes cosas que hacer: dedico unas tres horas al día al deporte y sigo una dieta de entre 1000 y 1200 calorías diarias. Tal vez es por la falta de carbohidratos, pero me siento muy cansada.

Psiquiatra: ¿El domingo te tomas un descanso?

Yo: Sí, el domingo no sigo la dieta, y la verdad es que tengo más energía.

Psiquiatra: Te puede ayudar marcar unos objetivos pequeños y premiarte a ti misma cuando los consigues.

Yo: Desde que volví del campamento y reduje la intensidad de mi entrenamiento y la rigurosidad de mi dieta, he notado que solo pierdo 0,1 kilos por semana. Estoy pensando en alguna forma de compensarlo. Pero, aunque haga deporte, el cuerpo necesita tiempo para adaptarse y cambiar. He notado que mi cuerpo ha cambiado un poco; ahora puedo ponerme unos tejanos que antes no me entraban. Ah, y quiero comentarte una cosa: quiero ser vegetariana.

Psiquiatra: (Se ríe) ¿Hay alguna razón en especial?

Yo: Cambio de tema muy rápido, ¿verdad? En realidad siempre lo he pensado pero nunca me he atrevido; es fácil ignorarlo. Basta con cerrar los ojos; para ignorarlo, solo hace falta pensar en vivir de la forma más cómoda posible. Pero yo tengo perros. Cuando digo que no como *boshintang** porque tengo perros, me preguntan por qué como cerdo o ternera. Tienen razón. Entonces, yo explico que no es que me oponga al consumo de carne en general, sino que creo que hay un problema en la forma en que se sacrifican los animales, y que me gustaría que eso se regulara mejor. Pero llegó un momento en que me pregunté si seguir consumiendo carne de cerdo y ternera incluso sabiendo cómo se había producido esa carne era algo correcto. Y comencé a buscar vídeos. ¿Por qué se ríe?

Psiquiatra: Pero los vídeos pueden ser editados para obedecer a los intereses del que graba.

---

* Sopa de carne de perro. (N. de la t.)

Yo: Ya, pero eso no niega el hecho de que los sacrificios se hagan como se hacen. Es algo que verdaderamente sucede. También he visto las opiniones de los que comen carne; siempre se deben leer las opiniones contrarias. Pero luego me di cuenta de que comer carne no está mal en sí, y ser vegetariano no es algo necesariamente bueno. Sin embargo, la verdad es que, desde que se comenzaron a sacrificar animales en mataderos, han ocurrido cosas bastante horribles. En los huevos siempre hay un número escrito: si el número es 1 significa que las gallinas han sido criadas al aire libre, pero si es 4, significa que han pasado toda su vida en una jaula del tamaño de una hoja A4 con el único propósito de producir huevos.

También me pregunto si los mataderos con certificado de bienestar animal realmente sacrifican a los animales de una forma que minimice su dolor. Al pensar en la carne de los animales que han sido sacrificados, me cuestiono si es algo bueno para mi cuerpo; ese pensamiento me quita las ganas de comer carne. Además, la idea de que mi elección de consumir carne haya causado el sufrimiento de un ser vivo me pone la piel de gallina. Siempre me preocupo por esos sectores vulnerables de la sociedad, pero a la vez soy consumidora de carne; creo que es algo un poco contradictorio. Es por todo esto que me he planteado ser vegetariana.

Psiquiatra: Es una buena reflexión. Ser vegetariana es una elección personal. Solo espero que el cambio no sea demasiado radical. Estaría bien que te lo tomaras paso a paso.

Yo: Sí, por el momento creo que soy incapaz de consumir carne, pero intentaré ir paso a paso. Pero, ¿por qué te has reído cuando he hablado del vegetarianismo? No me ha gustado.

Psiquiatra: Has cambiado el tema de conversación de manera bastante repentina, y me ha parecido curioso. Al empezar a hablar de esto, tuve la impresión de que no hubo un proceso de reflexión previo y que llegaste a la conclusión de forma directa. Es decir, que no es que hayas decidido hacerte vegetariana a partir de un proceso de reflexión, paso a paso, sino que me ha dado la sensación de que te has levantado por la mañana y has dicho: «¡Soy vegetariana!».

Yo: En realidad ha sido así. Y me gustaría tener un manual para mi vida.

Psiquiatra: Pues a mí no me gustaría eso.

Yo: ¿En serio? ¿Te refieres a que te gustaría que eso no existiera en mi vida?

Psiquiatra: Sí.

Yo: Es que no entiendo por qué me paso el día reflexionando. Siento que soy una persona muy incompleta, que cada día debo mejorar más y más. Mi pareja no es así.

Psiquiatra: Ser como eres te ayuda a convertirte en una mejor persona cada día.

Yo: ¿Eso crees? Mi pareja no reflexiona mucho. Y cuando me fijo en él, siempre tengo la sensación de que solo piensa en él mismo.

Psiquiatra: (...) Bueno, se podría decir que tú estás influenciando a tu pareja que solo piensa en él mismo.

Yo: Pero yo siento que soy más influenciable que capaz de influir en los demás.

Psiquiatra: Tal vez os influenciáis mutuamente. También se pueden descubrir cosas de uno mismo a través de personas que solo piensan en sí mismas. De todos modos, estaría bien que no te obsesionaras mucho con estos pensamientos.

Yo: Vale. ¿Crees que estoy mejor?

Psiquiatra: Sí, creo que estás mejorando.

Yo: Yo también lo creo. Pero últimamente pienso mucho que soy tonta, de una forma muy persistente.

Psiquiatra: Aunque te diga que no es así, no lo vas a aceptar. (Me conoce mucho). Como ocurre con otros pensamientos, espero que no intentes justificar todo lo que te pasa con este. Es decir, que si te pasa algo, no te precipites a la conclusión de: «¡Me pasa porque soy tonta!».

Yo: Vale, intentaré acordarme de esto. Ah, y hay otra cosa que percibo como una mejora. Antes solía pensar: «Hoy me gusto a mí misma», pero últimamente pienso: «Hoy no me gusto». Esto significa que antes sentirme bien era la excepción, mientras que ahora tiendo a gustarme más. Creo que es un progreso importante.

Psiquiatra: Sí que lo es.

24

Buscar un manual que encaje en mi vida

Tal como le dije a mi psiquiatra, antes pensaba: «Hoy vale la pena vivir, me gusto a mí misma», pero últimamente puedo pensar: «Hoy estoy mal. No me gusto». Esto significa que mi pensamiento dominante ha cambiado radicalmente. Además, me muevo mucho. No sé si es por el campamento, pero mi pereza casi ha desaparecido. O tal vez sea porque ya no quiero que la pereza controle lo que hago, así que me he ocupado de esas cosas que antes me costaban. Quizás es por eso que mi depresión ha disminuido. Ya no tengo pesadillas y, aunque sigo hablando mientras duermo, en general no me acuerdo de lo que sueño. Cuando me preocupo por algo, no dejo que la preocupación me hunda; soy capaz de frenar esos pensamientos. Mi forma de pensar se ha vuelto un poco más flexible. Estoy intentando corregir mi tendencia a juzgar el todo por un solo aspecto y a generalizar, y siento que estoy mejorando. Sin embargo, todavía me da miedo ser muy influenciable.

Dicen que las emociones extremas están conectadas entre sí. Cuando me encuentro con algo que me conmueve, termino pensando en ello de manera emocional, no racional. Por eso, a veces genero ansiedad en las personas que me rodean. He logrado liberarme un poco de mi depresión, pero mi estado de ánimo sigue fluctuando y me vuelvo extremadamente sensible, lo que me lleva a llorar hasta el agotamiento, para luego empezar el ciclo de nuevo. Vivir esto una y otra vez hace que reflexione en lo difícil que es estar vivo. No quiero esforzarme en subir escaleras solo para rendirme a mitad de camino y caer al fondo de nuevo. Quiero seguir aprendiendo sobre mí misma y encontrar un manual que encaje en mi vida.

25
Para poder ver esas partes de mí misma que brillan

Yo: Buenos días.

Psiquiatra: Buenos días. ¿Cómo estás?

Yo: En realidad no tengo mucho que decir.

Psiquiatra: Eso es bueno.

Yo: Sí. Ahora entiendo claramente la causa de mi depresión. No creo que exista una depresión sin un motivo. En este momento me siento un poco deprimida, pero he intentado seguir tu consejo de ser más específica con mis sentimientos. En las últimas tres semanas he mantenido mi rutina de ejercicio tres veces por semana. Sin embargo, he dejado de lado la dieta. Siempre tengo hambre. Creo que mi malestar proviene de esa hambre constante y de la presión de la fecha límite para entregar el manuscrito. Además, últimamente he estado durmiendo mucho, aunque no profundamente. A menudo me despierto hablando. Me grabé y parecía que estaba dando algún consejo a una amiga: entendía algunas cosas, pero otras no. Hablaba con bastante naturalidad. Al despertarme, nunca recuerdo lo que dije mientras dormía. Estoy durmiendo mucho, entre siestas y noches completas.

Psiquiatra: Según un estudio reciente sobre el apetito, dormir en exceso puede aumentar el hambre.

Yo: ¿Dormir mucho? Pero dicen que se gana peso con más facilidad si no se duerme mucho.

Psiquiatra: No, yo me refiero a cuando la calidad del sueño es baja. Si la fase REM se prolonga demasiado, puede desbalancear la hormona que controla el apetito, lo que provoca un aumento del hambre. Además, ahora no estás en una situación que te permita sentirte satisfecha con facilidad; no puedes comer ciertas cosas y tienes que entregar un manuscrito. Hay más factores que te generan ansiedad que los que te brindan relajación. Es inevitable sentir hambre emocional en este contexto, y al final puedes acabar pensando: «Al menos merezco comer lo que me apetece».

Yo: Ah, puede ser. Los pantalones que me iban bien vuelven a quedarme estrechos.

Psiquiatra: ¿Tan pronto? Solo han pasado unos días. (Sus palabras me duelen).

Yo: Sí, he comido mucho. La verdad es que me lleno muy rápido al comer, en serio, y eso me estresa un poco. En fin, todo lo que he mencionado es lo que ha hecho que esté triste. Me doy cuenta de que las razones principales que me entristecen están relacionadas con la dieta. Lo he entendido claramente: cuando perdí peso, hacía ejercicio y podía seguir una dieta equilibrada, no estaba triste.

Psiquiatra: En ese momento, tu prioridad era seguir la dieta. Incluso asististe a un campamento para ello. Pero ahora ya no puedes seguir con ese estilo de vida. En lugar de ver la dieta como la única causa de tu tristeza, sería útil que adoptaras una perspectiva a largo plazo. También creo que tomar pastillas para dormir puede ayudarte a regular el sueño.

Yo: Sí. No tengo mucho que decir, así que estuve buscando temas de conversación y pensé en algo. Hace poco, una persona conocida me habló de su pasado oscuro. No puedo dar detalles, pero me impresionó bastante. Sé que este tipo de cosas son comunes, pero me dolió escucharlo. Es cierto que no siempre hay que buscar razones para todo, pero cuando esta persona habló conmigo, entendí por qué sigue sufriendo psicológicamente por lo que vivió.

En mi caso, no tengo un pasado tan terrible. Crecí en la pobreza, hubo violencia en mi familia y mi hermana mayor me maltrató emocionalmente. Nuestra relación era bastante complicada, pero pudimos hablar de todo eso y ahora estamos mejor. Sin embargo, me hace reflexionar: «¿Por qué tengo depresión si no he pasado por algo tan grave? ¿Por qué me siento tan triste?». Lo repito a menudo y entiendo si te cansas de escucharme, pero no puedo evitar preguntarme por qué, a pesar de no haber vivido experiencias tan duras, mis traumas y mi depresión siguen presentes.

Psiquiatra: Si sigues buscando una razón para explicar tu depresión, es normal que encuentres algo extremo o que recuerdes eventos del pasado. Recuperarse de un evento traumático puede ser muy difícil, aunque hay personas que lo logran. Es posible que ciertos recuerdos te parezcan muy intensos y traumáticos, pero esa percepción puede estar influenciada por la edad que tenías en ese momento. Seguro que sentiste mucho miedo y te hiciste muchas preguntas al ver a tu padre agredir a tu madre. Esa impotencia de no poder hacer nada, sumada a la presión de reprimir tus emociones para no molestar a nadie de tu familia (Ni a mi padre, ni a mi madre, ni a mi hermana), pudo haber convertido esas emociones reprimidas en un estado depresivo.

Yo: ¿Es por eso que me fijo tanto en las reacciones de otras personas?

Psiquiatra: Puede ser. La relación con tu hermana mayor también era muy complicada.

Yo: ¿No crees que estoy un poco obsesionada con buscar una razón? No sé cómo expresarlo bien, pero, por ejemplo, no hay una razón para el hambre. Al igual que eso, me pregunto si no sería mejor aceptar simplemente la emoción de estar en un estado depresivo. Últimamente estoy intentando pensar así, pero cuando hablé con esa persona pensé: «¿Qué razón tengo yo para estar tan deprimida?». También me pregunto por qué soy particularmente sensible a la violencia sexual entre familiares.

Psiquiatra: Cada uno experimenta las vivencias traumáticas de manera diferente. Lo que para nosotros puede ser chocante, en otras sociedades puede ser insignificante. Todo depende del contexto cultural y de lo fácil o difícil que sea llegar a un acuerdo sobre si una situación es extraña o no. No creo que seas demasiado sensible, pero sí pienso que tienes una sensibilidad especial para comprender a quienes son considerados vulnerables por la sociedad. Lo sientes por las mujeres, e incluso por los perros.

Yo: Sí, tienes razón. Hace poco me llamó la atención una frase de un libro. En *Conquering Shame and Codependence* de Darlene Lancer, dice que «puede parecer paradójico, pero aquellas personas que no intentan ganar algo desde fuera de sí mismas son las que terminan ganando más. Puede ser un método curioso, pero la autoestima y el orgullo provienen de dejar de lado la validación externa». Este fragmento me hizo reflexionar sobre cómo siempre busco algo fuera de mí, y eso me molesta bastante. Siempre he buscado validación externa, ya sea de mi conocimiento, mi afecto o incluso de mi autoestima. Pero este anhelo proviene de verme como alguien incompleto. Siempre quiero arreglar o mejorar algo en mí, y estoy un poco cansada. ¿No sería mejor aceptarme tal y como soy, incluso esas partes que considero incompletas?

Psiquiatra: Trata de no mirarte a ti misma de una forma tan negativa. Parece que creas una versión idealizada de ti misma y tratas de ajustarte a esa imagen; incluso sientes la obligación de ser como esa versión, sin importar lo que cueste. Creo que te ayudará dejar de ser tan crítica contigo misma; en lugar de enfocarte en tus defectos, podrías empezar a reconocer tus cualidades.

Yo: Ah, sí que me iría bien eso. Entonces lo que dices es que marco unos estándares para lo que yo pienso que es una persona con autoestima, e intento adaptarme a esos estándares de una forma extrema. ¿Es esto a lo que te refieres?

Psiquiatra: Tienes una inclinación a hacer eso.

Yo: Lo he entendido. Pero pienso que ahora soy capaz de ver mis cualidades. Es verdad que aún presto más atención a mis defectos, pero si ni siquiera podía mirar en la dirección de mis cualidades, ahora sí que puedo. Ahora puedo ser consciente de ellas y apreciarlas.

Psiquiatra: Sí, tienes razón.

Yo: ¿Estoy mejorando?

Psiquiatra: Sí, eso parece. Quizás, más adelante, aunque descubras algún nuevo defecto, puedas también ver tus cualidades y pensar: «Tengo este defecto, pero también tengo esto otro que vale mucho».

Yo: (Me conmueve). Me gustaría poder llegar a pensar así. Y hay otra cosa de la que quiero hablar (a pesar de haber dicho que no tenía nada que decir, no paro de hablar): me obsesiona la idea de no poder ser arrogante ni presumida. Cuando iba a la escuela era un poco egoísta, y mis compañeros me molestaban por eso. Me convertí en una especie de líder de mi grupo de amigos, y como mis amigos me obedecían y me trataban bien, se me subió a la cabeza y acabé haciendo lo que quería. Durante un tiempo me volví loca. Los recuerdos de esa etapa de mi vida son algo dolorosos, pero tampoco me arrepiento. Creo que me ayudó a ser más consciente de estas situaciones desde una edad temprana. Ahora intento no ser egoísta. También tengo miedo de que si vuelvo a ser egoísta y arrogante, las personas a quienes quiero se alejen de mí y me insulten.

Intentar no ser egoísta es algo positivo, pero creo que tengo la tendencia a ser demasiado modesta. Incluso a mis amigos cercanos les digo: «Si el libro se acaba vendiendo muy bien y me hace cambiar, dímelo». Pero hace poco mi pareja me acompañó a uno de mis eventos. Después del evento le volví a repetir que si notaba algún cambio en mí a raíz de la publicación del libro, me lo dijera. Y mi pareja dijo: «¡Has cambiado en una cosa!». Estaba un poco enfadada con las personas que organizaron el evento porque no me informaron del horario ni de otros detalles hasta el último momento. Incluso cuando los llamé directamente, no me dijeron nada. Pero, aunque no fuera la escritora y solo fuera una empleada de una editorial, eso es algo que haría enfadar a cualquiera. Le mostré mi enfado a mi pareja y él dijo que era como si estuviera diciendo: «¿Cómo se atreven ellos a tratarme así?».

Psiquiatra: Entiendo que no era tu intención parecer que estabas diciendo eso con esa actitud.

Yo: Para nada. Me sorprendió que mi pareja sintiera eso. Lloré mucho mientras trataba de justificarme. No paraba de repetir que no había cambiado. Él me tranquilizaba, diciendo que tampoco pensaba que hubiera cambiado, solo que en ese momento mis palabras sonaban de esa manera. Mencionó que solo lo había dicho porque yo se lo había preguntado. Lloré mucho, y cuando me calmé, pude pensar con más claridad. Pensé que era normal que mi enfado se interpretara así. Aunque le insistí en que me dijera si algo había cambiado, me doy cuenta de que en realidad lo que quería escuchar es que no he cambiado. Por eso me impactó tanto que dijera que sí he cambiado. Después de una hora, volví a hablar con él. Le dije que creía que no quería escuchar lo que me había dicho. En realidad, cambiar no es algo negativo; si me doy cuenta de que he cambiado y no me gusta, solo tengo que reflexionar y mejorar las partes de mí que no me agradan. Pero yo percibo el cambio como un gran problema. Al darme cuenta de eso, pensé: «Cambiar es algo normal. Si la gente dice que has cambiado, solo tienes que ajustar las partes de ti que no te gustan».

Psiquiatra: Pero, ¿no crees que lo extraño es no cambiar? Independientemente de si el libro tiene éxito o no, el simple hecho de que hayas compartido tu progreso después de ir a terapia ya es un cambio en sí mismo, y diría que es un cambio positivo. Y ahora, como eres algo famosa, te invitan a eventos como el que mencionaste. Lo que quiero decir es que, si ahora muestras tu frustración, la gente puede pensar: «Ah, es así porque es famosa, se le ha subido a la cabeza».

Yo: Sí, tienes razón. Hablé de esto con mi pareja, sobre cómo si hubiera sido solo una trabajadora de la editorial, la gente habría pensado: «Algo le habrá hecho enojar». Pero como tengo el título de escritora reconocida, la percepción cambia y piensan: «Puede enfadarse así porque es una escritora famosa». Es algo que siempre me preocupa. Me preocupa comportarme como siempre y que la gente piense: «Se ha vuelto rara». Pero creo que esta vez supe manejar la situación de manera adecuada.

Psiquiatra: Sí. Y me gusta lo que has mencionado antes: que si te das cuenta de que has cambiado de una manera que no te gusta, simplemente puedes ajustar esas partes de ti misma que no te agradan.

Yo: Sí. Si hubiera escuchado eso en el pasado, habría pensado que es falso, que los cambios son irreversibles. «Me he convertido en este tipo de persona. No puedo cambiarlo, ahora se me reconocerá como este tipo de persona».

Psiquiatra: Si notas que algo cambia y no te gusta, puedes simplemente modificarlo. O también puedes cambiar; los cambios no siempre son negativos. De todos modos, hiciste bien.

Yo: Sí, yo también lo creo. Me alegra notar cómo cada vez estoy mejor.

26
Reconocer mi yo cambiado

Como he sido arrogante, no quiero serlo ahora. He sido egoísta, así que ahora deseo ser modesta y altruista. Aunque no he nacido con un corazón bondadoso, puedo aprender a través de la experiencia y arreglar esas partes de mí misma que no me gustan.

Conozco la sensación del vacío y sé cómo tratarla. He experimentado la depresión, así que puedo buscar maneras de no estar deprimida. Hubo un tiempo en el que estaba segura de que nunca encontraría formas de sentirme mejor. Me limitaba a tomar mi medicación, leer, llorar, subir a la azotea, mirar al suelo y sentir el impulso de hacerme daño. Incluso llegué a autolesionarme en algunas ocasiones.

En lugar de aceptar lo imperfecta que soy, he decidido no mirarme de forma negativa. También hay partes brillantes en mí. He estado atrapada en mi propio mundo desierto y desolado, ignorando la existencia de un espacio rico en colores. Debo practicar permanecer en ese espacio, y creo que ahora soy capaz de hacerlo. Es necesario creer que este esfuerzo es esencial para seguir viviendo; de momento, el simple hecho de creer esto ya es importante.

27

De todos modos, la vida sigue

No es que no piense, pero tampoco considero que mis pensamientos tengan valor. Los días pasan sin que me dé cuenta de algo trascendental, y no ha ocurrido nada que despierte emociones fuertes. Algunos días me aburro y a veces me siento cómoda.

Me pregunto cómo podría seguir viviendo si todos mis días fueran así. Me haría mayor, y vivir una y otra vez días similares haría que mis pensamientos se estancaran. Tal vez incluso acabaría encerrada en mí misma, rodeada de grandes muros. Hablaría solo con las personas cercanas a mí, y aunque interactuaría con las innumerables personas que hay a mi alrededor, acabaría aislada. Siempre digo que odiaría tener esta vida, pero no hago nada para cambiarla; no tengo curiosidad por nada, ningún tipo de ambición. Soy una persona que no quiere hacer nada; el destino de alguien como yo es aburrido e insustancial.

El mero hecho de adentrarse en un espacio nuevo puede ser algo muy valiente, y quedar con alguien puede convertirse en algo complicado en el futuro. Intento pensar en la vida que quiero vivir, en la persona en la que quiero convertirme y en cómo estoy ahora. Tengo mucho qué hacer, pero cero motivación. Incluso me pregunto si realmente puedo sentir curiosidad por algo; simplemente me limito a tomar mi medicación e ir a terapia.

Yo: Hola.

Psiquiatra: Hola. ¿Te has hecho un nuevo tatuaje?

Yo: Sí, me he hecho tres. Son monos, ¿eh que sí?

Psiquiatra: Sí. ¿Te dolió mucho?

Yo: Los dos primeros casi no me dolieron. El primer tatuaje que me hice de Juding (mi perro) fue en medio de mi antebrazo. Ahora me he tatuado a Suji y Boogi, así que la zona se ha ampliado y los tatuajes ya llegan hasta la parte interna de mi antebrazo. Me dolió mucho. Depende de dónde te hagas el tatuaje; duele más o menos. Cuando me hice estos dos tatuajes, me dolía tanto que me temblaban las manos.

Psiquiatra: ¿No te arrepentiste?

Yo: No, los tatuajes que me he hecho ahora me gustan mucho.

Psiquiatra: (Me mira la muñeca) Te has tatuado la palabra «Hunger».

Yo: Sí, es el título de un libro que me gusta. Me lo he tatuado tal como aparece en la portada del libro, con la misma tipografía.

Psiquiatra: Es bonito. ¿Cómo estás?

Yo: Esta semana solo he hecho deporte dos veces. Pero como hoy voy a ir, mantengo la promesa que me hice a mí misma de hacer ejercicio tres veces a la semana, así que está bien. He comido mucho esta semana, pero ayer en el gimnasio probé el *Inbody* de nuevo. He perdido un poco de músculo, pero afortunadamente no ha aumentado la cantidad de grasa. Además, esta semana he logrado cumplir con lo que había planeado mejor que otras veces. Escribí el artículo para la columna dentro del plazo y ya estoy preparándome para el segundo libro.

Psiquiatra: Parece que esta semana has estado muy ocupada.

Yo: Sí, un poco. Incluso el hecho de hacerme tatuajes implica salir y hacer algo. En lugar de quedarme en casa comiendo sin parar, decidí ir a algún lugar en Seúl y comer algo bueno. Me gustan mucho los ñoquis. Son un poco caros, pero fui a un restaurante que los hace bien, y no me arrepentí; me alegré de comer algo limpio y bien hecho.

Psiquiatra: ¿Escribes lo que comes en algún sitio? (Siento que la terapia se está convirtiendo en una dietoterapia).

Yo: Sí. Esta semana he comido mucho.

Psiquiatra: Estaría bien que diferenciaras las comidas que comes por impulso de las que comes de manera intencionada. A veces comemos debido a un hambre emocional. Sería útil que escribieras diferenciando lo que comes por hambre emocional de lo que comes simplemente porque tienes hambre.

Yo: Ah, de acuerdo, intentaré hacer eso. Esta semana solo he sentido hambre emocional el domingo y el lunes, así que está bien. Aunque el lunes fue un poco extremo.

Psiquiatra: ¿Por qué fue extremo el lunes?

Yo: En cuanto me desperté tenía mucha hambre. No es algo habitual. El domingo había comido bastante, así que no paraba de pensar que al día siguiente debía aguantarme un poco. Ese pensamiento me estresó y me daban ganas de simplemente comer todo lo que quisiera. Y no sé por qué, pero no me sentía muy bien. No pude levantarme de la cama. Por eso cancelé la sesión con mi entrenador personal y no pude venir aquí.

Psiquiatra: Cuando pasó un poco el tiempo, ¿pudiste estar mejor?

Yo: A las nueve de la noche estaba mejor.

Psiquiatra: Así que te sentiste mal durante todo el día. Aunque cancelaras lo que debías hacer, es natural que pienses: «Pero debo salir un poco, tendría que hacer deporte, tengo que pasear a mis perros». En esos momentos, ¿pensabas que simplemente no querías hacer nada de eso?

Yo: Pensé en lo que me dijiste sobre levantarme de la cama aunque no me apetezca, e intenté hacerlo, pero no pude. A pesar de eso, esta semana he estado bastante ocupada, lo que me ha mantenido en constante movimiento. He estado tan ocupada que ni siquiera he tenido tiempo para leer.

Psiquiatra: ¿Ni siquiera has tenido tiempo para leer? Me alegra saber que has estado tan ocupada.

Yo: Estoy acabando la transcripción del segundo libro. Cuando lo tenga todo ordenado te lo enseñaré, pero hay mucho material.

Psiquiatra: ¿No te resulta doloroso oír las grabaciones y transcribirlas? ¿No te da la sensación de revivir lo que sentiste cuando hablabas de ciertos temas?

Yo: No, para nada. Siento que es la historia de otra persona. Cuando transcribí nuestras sesiones para el primer libro fue un poco difícil; sentía una especie de autocompasión. También lloré. Pero mientras transcribía el material para el segundo libro, pensé: «Vaya persona más fastidiosa». Fui capaz de mantener un poco la distancia, y eso fue algo positivo. Sin embargo, esta vez he pensado que me gustaría llegar a una conclusión con el segundo libro; no quiero terminar sin un cierre final como lo hice con el primero. Pero incluso si voy a finalizar el libro, no puedo decir: «Ya estoy bien, me he curado por completo». Si dijera eso, estaría mintiendo.

Psiquiatra: Sí.

Yo: Es por eso que he pensado en las áreas en las que he notado una mejora. Como por ejemplo, la sensación de no estar tan deprimida, el hecho de que el tiempo que pasaba estirada en la cama casi haya desaparecido, o antes pensaba: «Hoy vale la pena vivir», pero ahora lo que entiendo por un día normal ha pasado de malo a bueno, así que ahora puedo pensar: «Hoy no me siento bien». Noto que he cambiado mi forma de pensar. Y ahora me muevo mucho más que antes. Antes no podía dormir muy bien, pero ahora me duermo con facilidad cuando tengo sueño, y aunque me preocupe por algo, no me dejo consumir por esa preocupación. Creo que eso es una forma de protegerme a mí misma. Y siento que mi manera de pensar es más flexible. Estoy intentando corregir mi tendencia a juzgar el todo por lo particular y a generalizar, y poco a poco siento que verdaderamente lo estoy consiguiendo. El impulso a suicidarme también se ha reducido mucho, y ya no bebo tanto alcohol. Pero todavía tengo cambios de humor frecuentes y aún soy demasiado sensible.

Psiquiatra: Son unos cambios muy positivos.

Yo: En realidad, ya no tengo mucho de lo que hablar. Seguiré viniendo para que me recetes la medicación. A medida que vaya mejorando, la medicación que tomo irá disminuyendo, y tal vez llegue un día en el que pueda controlar mis emociones y ya no necesite venir más, ¿verdad? También noto que mi capacidad para recuperarme ha mejorado y que ya no soy tan influenciable. La vida sigue. La persona que soy no puede cambiar de forma drástica; los cambios son lentos, y de vez en cuando, un día cualquiera, podría volver al punto de partida. Estos pensamientos (empiezo a llorar) me han hecho ver que lo más importante es aceptar que la vida es así.

Psiquiatra: Tu yo del pasado eres tú, y tu yo de ahora también eres tú.

Yo: Todas mis versiones siguen siendo yo.

Psiquiatra: Exacto. Decir que tu yo del pasado es alguien malvado y tu yo del presente es el correcto suena un poco extraño, ¿no crees?

Yo: Más que malvado, diría que estaba enferma. Creo que puedo diferenciar entre mi yo enfermo y mi yo sano.

Psiquiatra: Pero podría ser algo así: hay personas que se hacen un tatuaje y dicen que les ha dolido mucho, mientras que otras se tatúan todo el cuerpo y no sienten dolor. Esto puede estar relacionado con lo que has comentado antes, sobre que el dolor difiere dependiendo de la parte del cuerpo donde se haga el tatuaje. Antes, si alguien golpeaba una parte de tu cuerpo y te dolía, podías pensar: «Me duele mucho. Soy débil». Tal vez si alguien golpeara otra parte, no hubieras sentido dolor alguno. Quizás simplemente tuviste la mala suerte de que cuando te golpearon por primera vez, fue en una parte débil.

Yo: ¿Te refieres a que tengo otras partes fuertes pero solo he sido golpeada en aquellas que son débiles?

Psiquiatra: Sí. El simple hecho de reconocer que te dolió cuando te golpearon en una parte, pero que también tienes otras partes fuertes y saludables, es realmente significativo. Cuando sabes dónde eres débil, puedes protegerte mejor.

Yo: Entonces quiero encontrar lo fuerte y saludable en mí. Siempre me centro solo en mis partes débiles. Tengo envidia de aquellas personas capaces de abstraerse en algo que les gusta, disfrutarlo por completo, con pasión. Yo también tengo cosas que me gustan, pero no hay nada que me apasione con fuerza; aunque puede ser que simplemente aún no lo haya encontrado. Esto me pone un poco triste. Tengo envidia de aquellas personas que hacen lo que les gusta sin importar lo que otros digan, por muy inútil que sea aquello que les interesa. Estoy celosa de la capacidad de responder: «Pues a mí me gusta»; creo que debo encontrar esa actitud en mí. En realidad me gustan mucho los suéteres que son un poco feos; esos que son anticuados, con estampados excesivos. Ha habido muchos suéteres de estos que, a pesar de haberme gustado, no los he comprado, pero hace poco decidí comprarme uno. (Un suéter con estampado navideño).

Psiquiatra: No es para nada feo, es bonito.

Yo: Me lo pondré mucho hasta que llegue la Navidad. Después, cuando pase, no podré usarlo tanto.

Psiquiatra: Cuando has entrado a la consulta he pensado que los colores son muy bonitos.

Yo: ¿En serio? Gracias. Me parece un poco embarazoso porque tengo la sensación de que hoy sueno como alguien que ha alcanzado el Nirvana, pero la vida es diferente para todo el mundo. Es posible vivir sin que te interese nada en particular. Hay personas que se apasionan por algo con mucha intensidad, pero se cansan rápido; otras mantienen su interés de manera más constante, sin altibajos. Es natural que yo también quiera interesarme mucho por algo, pero ¿realmente hay necesidad de criticarme por no ser así? ¿No puedo simplemente ser como soy? Me gustan mucho los libros, pero es difícil hablar sobre este interés porque las personas lo consideran presuntuoso; creo que piensan que miento. Si me preguntan cuál es mi pasatiempo y yo contesto que leer, a menudo dicen: «Ah, esto no es una entrevista de trabajo. Puedes relajarte».

Psiquiatra: (Se ríe) Tienes razón.

Yo: Y por último, quiero dejar de menospreciarme. ¿Sería útil dejar de hacerme comentarios negativos sobre mí misma?

Psiquiatra: Sí. Es habitual que las palabras que usamos nos afecten y tengan una influencia sobre nosotros, es como si nuestro cuerpo las absorbiera. Por ejemplo, estaría bien que en lugar de decir: «Esto es lo peor», intentaras ser más específica. No es necesario que te preguntes qué, quién, dónde, cuándo, por qué y cómo; pero podrías intentar usar más adjetivos, no solo bueno o malo. De esta forma puedes ser más específica con lo que sientes. Te ayudará a entenderte a ti misma un poco mejor.

Yo: ¿Y no se puede hacer nada con la sensación de vacío? ¿Tú también te sientes así?

Psiquiatra: Sí, a veces me siento solo. Es algo natural.

Yo: Entonces, ¿la cuestión es la magnitud de esta sensación?

Psiquiatra: Son sensaciones naturales. La sensación de soledad y vacío nos impulsa a construir relaciones con otras personas. Crear una rutina regular puede ayudarte a que esta sensación disminuya un poco. Son emociones bastante comunes, pero si tiendes a sentirlas a diario, es fácil pensar: «Ya estamos en lo mismo. Siempre estoy así. Simplemente soy una persona solitaria». Sin embargo, son emociones necesarias. Aunque solo sea para motivarte a formar relaciones con otros, son importantes.

Yo: ¿Son necesarias, porque solo con estas sensaciones puedo relacionarme con los demás? Es una buena reflexión. Si siempre estuviera sola y me sintiera bien con eso, nunca sentiría la necesidad de estar acompañada. No tendría la necesidad de ver a nadie.

Psiquiatra: Son sensaciones naturales que todos experimentamos, pero creo que les estás atribuyendo una negatividad que no les corresponde.

Yo: No, no hago eso. A veces disfruto del pozo sin fondo que siento dentro de mí, pero cuando esa sensación sigue ahí al mediodía, se vuelve difícil de manejar.

Psiquiatra: Tendrías que encontrar una forma de evitar que esta sensación dure más de medio día.

Yo: No siento la necesidad de llenar mi interior, pero cuando decida hacerlo, tendré que encontrar la forma. Lo pensaré.

28
Como si viviera con mis cicatrices

Los antidepresivos se usan en depresiones prolongadas y ayudan a aliviar los síntomas. Gracias a este medicamento, mis episodios de ira y de alegría son un poco menos intensos. Últimamente, no siento ni rabia ni alegría con tanta intensidad. Pero que mi depresión haya mejorado no significa que mi tendencia a ser una persona negativa haya desaparecido. Tampoco he conseguido ser más feliz. En realidad, la intención de ser más feliz es algo contradictorio en sí mismo.

A lo largo del día siento aburrimiento, impotencia y vacío. El psiquiatra dijo que el vacío es una sensación natural, y creo que ahora logro entender lo que quiso decir. Si veo esta sensación como una carencia, quiero llenar el vacío a toda costa, ya sea con mis propios pensamientos o con otras personas.

Ahora sé que existen sensaciones que nadie puede remediar. No es necesario llenar ese vacío a la fuerza, y tal vez nunca se pueda llenar; son sensaciones naturales presentes en todos nosotros. Así como acepto las cicatrices en mi piel y sigo adelante, debo aceptar estas emociones. Me pregunto si sería más fácil aceptar las que son más cálidas.

¿Seré capaz de percibir la belleza del mundo y disfrutar realmente de algo? A veces tengo momentos así, pero ¿llegará el día en que esos momentos se vuelvan más frecuentes? Un porcentaje de ellos similar al de las personas alegres y llenas de energía. No quiero seguir así, en este estado en el que no estoy ni triste ni feliz, sin nada que me entusiasme, viviendo sin un propósito, dejándome llevar a la deriva.

Epílogo
Ya no me odio

Hubo una época en la que, incluso estando sola, odiaba verme a mí misma y cubría mi cuerpo entero hasta la cabeza con las sábanas. Sentía un impulso casi incontrolable de llenar mi piel de tatuajes, y había momentos en los que solo me sentía cómoda en un espacio oscuro, con gafas que ocultaban casi todo mi rostro. Eran tiempos en los que anhelaba, desesperadamente, no ser yo.

La mayor ganancia que he obtenido de mi tratamiento y de la publicación de mi libro es que ya no odio ser quien soy. Intento aceptar esas partes de mí misma que percibo con dificultad, y me propongo dejar de lanzarme palabras crueles.

He escrito hasta aquí con la convicción de que mi libro será un aburrimiento para algunos y un consuelo para otros. Estoy agradecida con los lectores que han leído esta historia de alguien poco excepcional porque han encontrado similitudes entre nuestras vidas, y también con aquellos que, aunque no compartan nada conmigo, han decidido prestarme atención. Por último, quiero agradecer a mi psiquiatra y a quienes quiero por ayudarme a ser quien soy.

Espero que llegue el día en que las personas con problemas mentales puedan recibir ayuda médica de forma natural, sin ser estigmatizadas por ello, o sin que sus problemas sean reducidos por quienes están a su alrededor como evidencia de la debilidad de su voluntad. Anhelo ver el día en que las heridas de la mente tengan la misma consideración que las heridas físicas.